LIN CARTER

DER GRÜNE STERN RUFT

Fantasy-Roman

Deutsche Erstveröffentlichung

WILHELM HEYNE VERLAG
MÜNCHEN

HEYNE-BUCH Nr. 3408
im Wilhelm Heyne Verlag, München

Titel der amerikanischen Originalausgabe
WHEN THE GREEN STAR CALLS
Deutsche Übersetzung von Walter Brumm

Redaktion: F. Stanya

Printed in Germany 1974
Umschlagzeichnung: Atelier Frank & Zaugg, Bern
Umschlaggestaltung: Atelier Heinrichs, München
Gesamtherstellung: Zettler, Schwabmünchen

ISBN 3-453-30278-8

INHALT

Teil I

Das Buch von Karn dem Jäger

1. Die Stimme vom anderen Ufer

Nacht für Nacht hörte ich diesen seltsamen Ruf in mir, leise und doch unüberhörbar. Er war da, als ich mich schlaflos in meinem Bett wälzte; er rief und lockte in meinen unruhigen Träumen.

Er kam aus dem Nachthimmel, wo Sterne kalt wie eisblaue Diamanten funkelten, hingestreut auf schwarzen Samt. Aus den Tiefen des Raums, in denen ein grüner Stern flammte und eine verzauberte Welt wartete.

Von allen Menschen konnte nur ich allein die verlockende Musik dieser Stimme hören, die aus dem dunklen und stillen Abgrund zwischen den Sternen kam; denn von allen Menschen war nur ich dort gewesen, war schnell wie der körperlose Gedanke zu jener fernen und phantastischen Welt gereist. Und dort, in dieser verzauberten Szenerie von immerwährendem Dunst; zyklopischen Bäumen und Höhlenstädten, war ich im Körper eines legendären Kriegers wiedergeboren worden. Gemeinsam hatten er und ich einige der unglaublichsten Abenteuer bestanden, von denen je berichtet wurde, hatte eine Feenprinzessin geliebt und verloren. Und dann hatte mein zweites Ich dort auf der Welt des Grünen Sterns den Tod gefunden.

Mein unbehauster Geist, körperlos wie zuvor, war durch die Sternenräume zur Welt meiner Geburt zurückgekehrt, in meine leere fleischliche Hülle.

Ich war dem Tod nahe gewesen, als sie mich wiederbelebt hatten. Allzulange war mein wandernder Geist von meinem Körper getrennt gewesen, der in einer Art Bewußtlosigkeit ohne Nahrung ausgeharrt hatte. Wochen intensiver Pflege waren nötg, bis meine erschöpften Kräfte wieder hergestellt waren. Während der erzwungenen Untätigkeit meiner langen Rekonvaleszenz schrieb ich einen Bericht über die wundersamen Erlebnisse und gefährlichen Abenteuer, die mir auf jener wolkenumhüllten Welt exotischer Ungeheuer und ebenso exotischer Menschen widerfahren waren.

Endlich wurde ich als gesund und erholt aus der ärztlichen Obhut entlassen. So gesund und erholt wie er sein kann, der seit seiner Kindheit als Krüppel an den Rollstuhl gefesselt ist. Ich hatte nicht die Absicht, jemals wieder zum Grünen Stern zurückzukehren; für mich gab es dort nichts, zu dem zurückzukehren sich lohnte. Nichts als das Bewußtsein der Vergeblichkeit, die Wehmut angesichts zerronnener Träume, den Schmerz einer verlorenen Liebe, die Hoffnungslosigkeit, etwas wiedergewinnen zu wollen, das längst verloren ist.

Doch Nacht für Nacht hörte ich den Ruf des Grünen Sterns ...

Zuweilen frage ich mich, warum ich aufzeichnete, was ich auf jener fernen Welt erlebte. Es mag sein, daß ich unbewußt den Wunsch hegte, mich durch die Niederschrift von den Erinnerungen zu befreien. Oder war das Wiedererleben meiner abenteuerlichen Reise ins Unbekannte eine symbolische Rückkehr zum Grünen Stern, eine sehnsüchtige Reise in die Erinnerung? Ich weiß es selbst nicht genau. Meine Gründe mögen vielschichtig und widersprüchlich sein, aber schließlich bin ich nur ein Mensch. Und in Angelegenheiten des menschlichen Herzens ist Logik ein zu kaltes und unzulängliches Werkzeug.

Wie könnte ich wieder zu jener fernen Welt hinausgehen – und aus welchem Grund? Um als körperloses Wesen vor dem Grab des geliebten Mädchens zu schweben? Oder um hilflos zuzusehen, wie sie gegen Gefahren und Feinde kämpfte, für die mein Geist nichts als ein Lufthauch wäre? Wie ich es auch betrachtete, im Licht der Vernunft mußte die bloße Idee einer neuerlichen Reise unsinnig erscheinen. Aber bei Tag verfolgte mich die Erinnerung an meine verlorene Liebe, und bei Nacht war der Ruf des Grünen Sterns wie Sirenengesang in meinen Träumen ...

Das Leben auf dem Planeten meiner Geburt gab mir wenig, das mich interessierte. Gewiß, ich bin jung und gutaussehend und wohlhabend, aber das eine ist eine Sache der Vererbung und das andere eine Sache der Erbschaft – keins von beiden hat eigentlich etwas mit *mir* zu tun.

Als ein in früher Jugend an Kinderlähmung erkrankter Krüppel erfreue ich mich besserer Lebensbedingungen als die meisten meiner Schicksalsgenossen, und ich könnte meine Jahre in behaglicher Langeweile zubringen, umgeben von allem Luxus, der für Geld zu haben ist. Das Vermögen meines Vaters, der Landsitz meiner Familie, eine große Bibliothek – diese und andere Annehmlichkeiten stehen zu meiner Verfügung. Aber die ermüdende Vergeblichkeit dieses abgeschirmten Lebens zehrt an meinen Nerven; ich sehne mich danach, in die Wildnis gestoßen zu sein und meine Kraft, meinen Mut und meinen Scharfsinn an tausend Gefahren zu messen. Denn nur in solchen Momenten habe ich das Leben lebenswert gefunden. Ich wurde für das unstete Leben des Abenteurers geboren ... aber das Schicksal kettete mich an den Körper eines hoffnungslosen Krüppels.

Das Verlangen, aus dieser Lebenssituation zu entkommen, führte mich zur Beschäftigung mit der Mystik des alten Orients. Vor allem faszinierte mich die verlorengegangene Kunst, die von den Weisen ›Eckankar‹ genannt wurde und als eine Art Seelenwanderung bezeichnet werden könnte – die Freisetzung des Astralleibs von der fleischlichen Gebundenheit im Körper. Das Geheimnis dieser Kunst war in einer kostbaren altuigurischen Handschrift beschrieben, einem vor Jahrtausenden verfaßten und von der Welt vergessenen Buch, das nur wenigen dem Namen nach bekannt war.

Mein Reichtum versetzte mich in die Lage, eine stattliche Zahl von sachkundigen und sprachgewandten Agenten anzuwerben, die ich beauftragte, ganz Süd- und Zentralasien nach irgendeiner Spur dieser verschollenen Handschrift zu durchkämmen. Sieben Jahre später wurde sie in einem entlegenen kleinen Lamakloster im Grenzgebiet zwischen Ladakh und Tibet entdeckt.

So kam das geheimnisvolle *Kan Chan Ga* endlich in meine Hände. Auf seine Pergamentseiten hatte ein weiser Mann aus vorgeschichtlicher Zeit einst die okkulte Weisheit einer vergessenen Kultur gebannt – und mit der Zeit machte ich mir diese Weisheit zu eigen.

Nun, nachdem ich wieder zu Kräften gekommen war, wuchs die Verlockung, ein weiteres Mal die Ekstase des astralen Flugs zu genießen, als ein aller Erdenschwere lediger Geist in berauschender Freiheit ferne Gefilde zu durchmessen ...

Vielleicht muß einer gleich mir an Bett und Rollstuhl gefesselt sein, um die unerträgliche Gier nach dieser Freiheit ganz zu verstehen. Einer, der wie ich seit seinem sechsten Lebensjahr keinen Schritt ohne mechanische Hilfsmittel getan hat. Einer, der niemals in diesem Leben und in diesem Körper in Wald und Feld hinausgehen wird –, es sei denn durch die in den brüchigen Pergamentseiten des Kan Chan Ga verschlossene magische Wissenschaft.

Tag für Tag kämpfte ich gegen diese Gier.

Und Nacht für Nacht rief der Grüne Stern aus den glitzernden Tiefen.

Und so ergab es sich eines Winterabends, daß ich dem Ruf des Grünen Sterns nicht länger widerstehen konnte.

Ich redete mir ein, daß ich mich nur in diese Welt hinauswagen würde ... daß ich das Kolosseum sehen wolle, die Sphinx, das Taj Mahal im Mondlicht.

Ich bereitete mich auf das Abenteuer vor.

Meine Privaträume liegen im Obergeschoß des alten Landhauses in Connecticut, das schon 1790 den Namen meiner Familie getragen hat. Oft habe ich mich tagelang dort eingeschlossen und über meinen Büchern gesessen, den Bediensteten verboten, meine Zurückgezogenheit zu stören.

Diesmal sollte es nicht anders sein.

Nachdem ich die Haushälterin angewiesen hatte, jede Störung zu vermeiden, streckte ich mich auf meinem Bett aus, wie um zu schlafen.

Allmählich befreite ich meinen Geist von allen trivialen Gedanken, wobei ich mich der Rezitation bestimmter Mantras bediente. So in einen Zustand völliger Ruhe und Entspannung gelangt, schloß ich die Augen und stellte mir eine Kugel aus Ebenholz vor, auf die ich meine ganze Aufmerksamkeit fixierte.

Ich hatte dies oft geübt, und so fiel es mir nicht allzu schwer, nach und nach eine derart vollkommene innere Konzentration zu erreichen, daß ich alles Gefühl für meinen Körper verlor.

Alle äußeren Sinneswahrnehmungen verblaßten. Meine Arme und Beine wurden taub, Herztätigkeit und Atemrhythmus verlangsamten sich, wie mein disziplinierter Wille es ihnen gebot.

Ich war nun in einem Zustand leichter Trance.

Die schwarze Kugel vor meinem inneren Auge begann sich zu verändern, und ich erkannte, daß es überhaupt keine materielle Kugel war, sondern die runde Öffnung eines lichtlosen Tunnels.

In diese Tunnelmündung fiel ich hinein.

Absolute Dunkelheit umgab mich.

Tiefer und tiefer sank ich in diese Schwärze, bis ich endlich, nach unbestimmter Zeit, einen winzigen Lichtpunkt unter mir sah.

Es war das Licht am Ende des Tunnels.

Ich tauchte aus der Dunkelheit und fand, daß ich in einem zarten Nebel von unirdisch silbriger Ausstrahlung schwebte, ohne daß die Schwärze an Tiefe verloren hatte.

Lange blickte ich in Verwunderung umher, unfähig, meine Umgebung zu erkennen.

Dann kam mir die Erleuchtung: ich sah auf einen breiten Wiesenhang hinunter, der von Neuschnee bedeckt war, und über mir wölbte sich der gestirnte Nachthimmel.

Mein Blick wanderte wie im Traum über die schneebedeckte Fläche, und ich sah ein großes altes Haus aus Bruchsteinmauerwerk mit einem spitzgiebeligen Dach und zwei runden Erkertürmen.

Es war mein eigenes Haus.

Ich schien dreißig oder vierzig Meter über dem Erdboden zu schweben, schwerelos wie ein Windhauch.

Aus dem dunklen Himmel, in dem das silbrige Rund des Vollmonds in eisiger Pracht strahlte, fielen einzelne schimmernde Schneeflocken durch die völlige Stille der Winternacht.

Die Schneeflocken fielen . . . durch mich hindurch!

Und dann begriff ich, daß meine Seele frei war.

2. *Das Ding auf dem Mond*

Über mir, wie ein riesiger Brillant an der Brust der Nacht, strahlte der Vollmond in unirdischem Licht.

Als körperloser Geist konnte ich reisen, wohin ich wollte, schnell wie der Gedanke, der in Sekundenschnelle ganze Galaxien durchmißt, schneller als jeder Lichtstrahl.

Auch zum Mond, wenn ich wollte.

Der Gedanke faszinierte mich. Menschen meiner Rasse hatten die schlackigen Ebenen seiner Oberfläche betreten, aber das war schon lange her. Die letzten Astronauten des Apollo-Programms hatten im Taurusgebiet ein Kapitel Forschungsgeschichte abgeschlossen . . . wenigstens für die Dauer unserer Ära. So sagten die Kommentatoren.

Aber ich konnte sie Lügen strafen, wenn es mir gefiel.

Der Wunsch zeugte die Tat. Kaum hatte der Gedanke sich eingestellt, da schien es mir schon, daß ich mit unglaublicher Geschwindigkeit himmelwärts sauste. Die Schneelandschaft, durchsetzt von schwarzen Waldstücken, sank unter mir weg. Schon konnte ich im Osten die schwarze Fläche des Ozeans sehen. Die Linie des Horizonts begann sich zu krümmen, und auf einmal sah ich mich in grellem Sonnenlicht, als die Sonne sich aus dem Erdschatten erhob, eine Scheibe aus glühendem Gold, die das halbe Erdenrund in Flammen setzte.

Ich hob meinen Blick und sah den Mond.

Sehr schön war er, wie ein gewaltiges Gesicht, das aus der Höhe auf mich herabspähte, als wundere es sich über den einsam im lautlosen Äther schwebenden Geist.

Ich stieg sehr hoch über die Erde. Ein Mensch wäre an meiner Stelle innerhalb einer Sekunde tot gewesen, der aus den Lungen gepreßte Atem in einen Nebel aus Eispartikeln verwandelt, aber ich fühlte weder Kälte noch die Notwendigkeit zu atmen. Solche Empfindungen und Bedürfnisse hatte ich in meinem Körper zurückgelassen, der Tausende von Kilometern entfernt im nachtverhüllten Connecticut ohnmächtig auf dem Bett lag.

Und ich – ich war frei! Frei, in einem Augenblick das Universum zu durchmessen, wenn ich es wünschte!

Nun lag der Mond vor mir, erfüllte den Gesichtskreis wie eine gigantische Schüssel. Ich hatte nicht mehr das Gefühl, aufzusteigen; es schien mir, daß ich auf eine ungeheuer weite Ebene niederschwebte, wo ein mächtiger, schwarz umrandeter Krater wie ein erloschenes Auge zu mir aufstarrte.

Sein Durchmesser mußte viele Kilometer betragen, und als ich den Boden erreichte, hatte ich den Eindruck, in einem weiten Tal zu stehen, ringsum eingefaßt vom zerklüfteten Wall des Randgebirges. Der Kraterboden war nackter Fels, bedeckt mit Staub und Gesteinstrümmern. Hunderte von kleinen Meteoritenkratern narbten die Ebene mit grubenartigen Vertiefungen. Manche von ihnen boten genug Raum, um ein Einfamilienhaus aufzunehmen, andere waren bloß flache Mulden, nicht größer als Waschbecken. Die Stille war vollkommen.

Hier gab es keine Luft, keinen Regen, keinen Schnee. Nichts als Fels, Staub und Trümmerschutt.

Gleich einem heimatlosen Geist in Dantes Inferno schweifte ich durch diese Hölle aus toter Materie, die unter einem schwarzen, sternfunkelnden Himmel gleißte.

Und dabei stieß ich auf ein Wunder.

Es war in den Fels des Kraterbodens eingelassen und erhob sich drei oder vier Meter aus dem Geröll.

Es war eine stählerne Säule.

Staunend schwebte ich näher. Das Ding hatte einen Durchmesser von etwa einem halben Meter, und es war völlig gleichmäßig gerundet. Oberfläche und Farbe waren die von nichtrostendem Stahl, dennoch schien sie nicht aus Metall zu sein. Aus der Nähe bemerkte ich, daß engstehende Reihen geheimnisvoller Schriftzeichen in die Oberfläche eingeritzt waren, seltsame, hakige Lettern, die keinem mir bekannten irdischen Alphabet ähnelten. Wenn ein Vergleich möglich war, dann vielleicht der mit dem altindischen Sanskrit.

Ich fragte mich, wer diese Säule hier aufgestellt haben mochte, und zu welchem Zweck. Und welche Bedeutung hatte die Inschrift?

War dies das Zeugnis einer unbekannten Rasse von Sternenwanderern aus einem anderen Sonnensystem? Oder hatte irgendein prähistorisches Kulturvolk aus der vergessenen Frühzeit der

Menschheit den Abgrund zwischen der Erde und ihrem Trabanten überbrückt? Waren Urastronauten aus dem versunkenen Atlantis den Nebelschwaden des Pleistozäns entstiegen, um sich in die Tiefe des Raums hinauszuwagen und hier ein Denkmal ihrer Tat zu errichten?

Es gab keine Antwort auf diese Fragen.

Die Säule konnte seit einer Million Jahren oder länger hier gestanden haben, stummes Zeugnis einer verschwundenen Rasse, die als erste zwischen den Planeten gereist war. Im absoluten Vakuum über der Mondoberfläche gab es außer dem langsamen Wechsel von intensiver Hitze und extremer Kälte keine Kräfte, die diesem Denkmal etwas anhaben konnten; sie war haltbar für die Ewigkeit, unzerstörbar.

Zahlreich sind die Geheimnisse von Zeit und Raum, die noch der Entdeckung durch den Menschen harren. Ich wandte mich von der rätselhaften Säule ab, die dort unter den Sternen stand, und zog weiter meines einsamen Wegs. Vielleicht würden keines anderen Augen jemals diese Reihen unlesbarer Zeichen überfliegen. Das Geheimnis der Säule auf dem Mond mochte für alle Zeiten ungeklärt bleiben.

Ich schwang mich zum Sternenhimmel empor.

Und in diesem Himmel brannte der Grüne Stern!

Ich sah ihn über den nackten Felskamm des Randgebirgs steigen, als ich aufwärts schwebte, und ich erkannte ihn sofort mit einer instinktiven Sicherheit, die sich mit Logik nicht erklären läßt. Und eine seltsame Unruhe und Erregung ergriff mich beim Anblick dieses fernen, schwach grün getönten Lichtfunkens, denn auf einer Welt, die um ihn kreiste, lag mein Schicksal, mein Triumph — oder mein Verhängnis.

Und auf einmal brandete ein unwiderstehliches Verlangen in mir auf, um alle meine vorsichtigen Bedenken und klugen Vorsätze in einer jähen Springflut der Gefühle wegzuschwemmen. Ich mußte wieder hinaus zur Welt des Grünen Sterns, auf der ich im Körper eines anderen Mannes die gefährlichsten und phantastischsten Abenteuer in den Annalen menschlicher Erfahrung erhebt hatte.

Ich mußte ... und ich ließ auf Erden nichts zurück, ohne das ich nicht hätte auskommen können.

Warum zögerte ich noch? Alles in mir sehnte sich danach, durch den weltumspannenden Wald himmelhoher Bäume zu schweben, wo ein altes elfenhaftes Volk lebte, bedroht von unerbittlichen Feinden und blutgierigen Ungeheuern. Wo Dörfer und Städte sich in Baumhöhlen und Astgabeln versteckten, kilometerhoch im diesigen Himmel, in einer unirdischen Laubwelt jadefarben und golden, durchschossen von Sonnenstrahlen ...

Ich hatte nichts zu verlieren, wenn ich ging, abgesehen von meiner leiblichen Hülle.

Und auf die legte ich weiß Gott nicht viel Wert.

3. Ins Unbekannte

Ein letzter Blick auf die Welt, auf der ich geboren wurde. Ich sagte ihr ein stummes Lebewohl, ihr und ihren grünen Hügeln und dunklen Wäldern und blauen Ozeanen, den Menschen, die ich gekannt und geliebt habe, den vertrauten Orten und Augenblicken, die in meiner Erinnerung fortleben würden. Mein Bedauern war gering, denn die meisten Erinnerungen waren bitter. Aber es gab gewisse Dinge, von denen für immer Abschied zu nehmen mich schmerzte und traurig stimmte: der Duft eines frischen Frühlingsmorgens in den Hügeln von Connecticut; das vertraute Gefühl, eines der alten, vielgelesenen, geliebten Bücher in den Händen zu halten; das Porträt meiner Mutter, lächelnd und lieblich, vom Pinsel des Malers in unsterblicher Jugendlichkeit festgehalten; das sorgfältig gepflegte Grab des großen, liebenswerten Neufundländers, der der treue Gefährte meiner Kindheit gewesen war . . .

Diese Dinge würden vielleicht für immer verloren sein.

Ich nahm Abschied von ihnen.

Dann wandte ich meinen Blick von der weißgefleckten azurblauen Kugel der Erde ab und faßte den Grünen Stern ins Auge, der wie ein Leuchtfeuer in der Dunkelheit flammte.

Und ich ließ meine Welt für immer hinter mir zurück.

Irgendwie wußte ich, daß ich nicht mehr zu diesem kräftigen, aber verkrüppelten Körper zurückkehren würde, der in dem dunklen Schlafzimmer des alten Landhauses seinen todesähnlichen Schlaf schlief. Woher diese Gewißheit kam, vermochte ich nicht zu sagen, aber sie war da.

Den Blick unverwandt auf mein Ziel gerichtet, wünschte ich mich mit der konzentrierten Willenskraft, die keinem anderen Gedanken Raum läßt, zum Grünen Stern. Und die tote Oberfläche des Mondes versank hinter mir, schrumpfte zu einem schimmernden Staubkörnchen in der Nachbarschaft eines blau und weiß leuchtenden Stecknadelkopfes – und verschwand in der Dunkelheit zwischen den Sternen.

Der Übergang war beinahe zeitlos, das heißt, ich war mir keines Zeitablaufs bewußt. Mein zweiter Flug zum Grünen Stern mochte — wie schon der erste — die Sache eines Augenblicks oder die eines Jahrhunderts gewesen sein. Ich hatte nicht das Gefühl, warten zu müssen, während ich die ungeheure Entfernung zurücklegte; ich hatte nicht einmal den Eindruck von Bewegung.

Ich war mir momentan einer unheimlichen Dunkelheit bewußt, die mich mit eisigem Atem einhüllte. Die Sterne verschwammen und schienen sich in Nacht aufzulösen, und dann ging plötzlich der Grüne Stern in seiner ganzen Herrlichkeit vor mir auf wie ein atemberaubender Tagesanbruch.

Es war ein unglaubliches Schauspiel, wie es nur wenige Augen jemals gesehen haben können. Die sternerfüllte Weite des Raums verblich vor der gewalttätigen Nähe dieses enormen Glutballs mit seiner feurigen Korona aus jadefarbenen Flammen.

Wäre ich im Körper hierhergekommen, so hätte ich in der ersten Sekunde angesichts dieser apokalyptischen Vision entfesselter Urgewalt erblinden müssen, doch als unsichtbarer und körperloser Geist mußte ich ein Sehvermögen besitzen, das gleichfalls von immaterieller Natur war.

Ich umkreiste diese gewaltige Kugel aus blaßgrünem Feuer und machte bald einen kleinen, in scheinbar undurchdringliche weiße Wolkenschleier gehüllten Planeten aus. Dies war die Welt, auf der ich in der Gestalt Chongs des Mächtigen gelebt hatte, und nun, da ich sie wieder vor mir sah, fühlte ich mich von freudiger Erregung ergriffen.

Ich schwebte darauf zu, tauchte in die dunstige Atmosphäre ein und ließ mich langsam tiefer sinken. Die zarten weißen Schleier unter mir rissen auf, und ich erblickte eine Landschaft, wie irdische Augen sie noch niemals sahen.

Es war eine Welt der Baumgiganten. Zu Zehntausenden drängten sie sich von einem dunstverhangenen Horizont zum anderen, hoch wie Berge. Stämme vom Umfang eines Häuserblocks ragten aus den Tiefen auf, gewaltige Äste, breit wie vierspurige Autobahnen, trugen Wolken von Laubwerk. Ihre Blätter waren groß wie Segel, golden und grün im diffusen Licht der Sonne, deren Strahlen in breiten Bahnen durch die dunstigen Räume zwischen den Laubmassen stießen.

Es war ein ehrfurchtgebietendes Schauspiel, unvergeßlich für den, der es einmal gesehen hat. Leicht und winzig wie Staubpartikel, schwebte ich langsam durch das Labyrinth der ineinander verflochtenen Äste und Zweige. Hier und dort sah ich mächtige Baumechsen mit Saugfüßen an der rauhen Borke haften, reglos und geduldig. Eine enorme Libelle schoß an mir vorbei, und ihre irisierenden Flügel funkelten wie bläuliches Kristall, als sie eine Bahn von grüngoldenem Sonnenlicht durchkreuzte. Ich konnte ungefähr einen halben Kilometer weit sehen, dann blockierten Stämme, Äste und Laubmassen meine Sicht.

Ich blickte nach unten. Die Stämme der kolossalen Bäume verloren sich tief unter mir im dämmrigen Zwielicht der Bodenregion, die kein Sonnenstrahl erreichte. Ich hatte nicht die leiseste Ahnung, wo ich mich befand. In dieser geheimnisvollen Welt titanischer Wälder sah ein Baum wie der andere aus. Auf meiner früheren Reise hatte ich das Glück gehabt, in der Nähe von Phaolon zu landen, der Baumhöhlenstadt, wo ich Chongs Körper gefunden und mein Herz an Niamh verloren hatte. Diesmal konnte ich in einer ganz anderen Weltgegend gelandet sein, und es bestand so gut wie keine Aussicht, jenen Ort wiederzufinden.

Noch geringer war die Wahrscheinlichkeit, daß ich das verborgene und gut getarnte Dorf der Gesetzlosen finden würde, in dem ich die Prinzessin Niamh zuletzt gesehen hatte und in der Gestalt Chongs des Mächtigen erschlagen worden war. Phaolon oder das Banditendorf konnten in der nächsten Astgabel liegen — oder zehntausend Kilometer weit entfernt. Ich schwebte eine Weile ziellos umher und dachte über das Problem nach, mußte aber erkennen, daß es unlösbar war.

War Niamh die Flucht aus dem Banditennest gelungen, oder hatten sie sie wieder eingefangen? Als ich sie zuletzt durch die Augen des sterbenden Chong gesehen hatte, war sie auf einer gestohlenen Reitlibelle in die Nacht hinausgeflogen. Manches sprach dafür, daß sie im Schutz der Dunkelheit entkommen war und nach Phaolon zurückgefunden hatte, und ich redete mir ein, daß dies alle Wahrscheinlichkeit für sich habe. Aber ich wußte sehr gut, daß die Welt der mächtigen Bäume eine Vielzahl von Gefahren für einen einsamen Flüchtling barg, zumal Niamh ein unerfahrenes und schwaches Mädchen war. Und meine Unkenntnis ihres Schicksals beunruhigte mich mehr, als ich wahrhaben wollte.

Lange trieb ich ziellos durch den Riesenwald, immer auf der Suche nach irgendeinem Zeichen intelligenten Lebens. Es wurde Nacht und wieder Tag, und dann, als die grüne Sonne schon hoch am dunstigen Himmel stand, machte der Zufall mich plötzlich zum Zeugen einer jämmerlichen kleinen Tragödie.

Vier Metallpflöcke waren in die breite Oberfläche eines Asts getrieben, und zwischen diesen Pflöcken lag ein halbnackter Junge mit ausgebreiteten Armen und Beinen auf dem Rücken. Man hatte seine Hand- und Fußgelenke mit Lederriemen an die Pflöcke gefesselt und ihn so aufgespannt seinem Schicksal überlassen.

Und das Schicksal näherte sich auf acht leisen Beinen.

Der Junge konnte die Gefahr noch nicht sehen und war vollauf mit dem aussichtslosen Versuch beschäftigt, seine Hände aus den Fesseln zu ziehen. Seine Gelenke waren bereits aufgescheuert und blutig, die Hände von der behinderten Zirkulation angeschwollen und bläulich verfärbt.

Er mochte fünfzehn oder sechzehn sein, ein knochiger, abgemagerter Bursche, dem das Leben offensichtlich übel mitgespielt hatte. Wer immer er war und wie immer er in diese Lage geraten war, er mußte halb verhungert sein und war brutal mißhandelt worden. Man hatte ihn ausgepeitscht. Dicke rote Schwielen bedeckten seinen Körper von den Schultern bis zum zerlumpten Lendenschurz. Er bot einen mitleiderregenden Anblick.

Sein sandfarbenes Haar war staubig und zottig, sein Gesicht schmutzig und finster, aber es war ein gutes Gesicht mit festem Kinn, wachen, goldbraunen Augen und einem fein modellierten Mund. Die breite, gerade Stirn ließ auf Intelligenz schließen, und diesen Eindruck konnte nicht einmal die etwas unproportioniert vorspringende, knollig wirkende Nase zunichtemachen.

Er hatte nichts von der elfenhaften Zierlichkeit und effeminierten Verweichlichung, die ich an Niamhs Hof in Phaolon beobachtet hatte. Er mußte ein Kind der Wildnis sein, zäh, sehnig und abgehärtet. Ich fragte mich, welche Feinde ihn hier dem Tod überantwortet hatten, und warum. Und ich bewunderte seine hartnäckige Entschlossenheit, mit der er immer wieder versuchte, seine Hände von den Fesseln zu befreien, ungeachtet der Schmerzen, die er dabei ausstehen mußte.

Aber das Ende seiner Qualen war jetzt nahe. Der Tod kam in Gestalt eines bräunlichrot glänzenden Skorpions von der Größe eines ausgewachsenen Bernhardiners. Die auf kurzen, haarigen Stielen sitzenden Augen mußten das hilflose Opfer bereits erspäht haben, denn das Tier rückte mit trippelnden, wachsam immer wieder unterbrochenen Bewegungen gegen seine Beute vor, die pinzettenähnlichen Scheren abgewinkelt und drohend erhoben. Das stielartig verdünnte Ende des Hinterleibs mit dem bleistiftlangen Giftstachel war stoßbereit aufgerichtet und nach vorn gekrümmt.

Der Junge hatte den Riesenskorpion immer noch nicht gesehen. Seine ganze Aufmerksamkeit galt der Lederschlinge, die er von seiner geschwollenen linken Hand zu streifen trachtete.

In gewisser Weise war der Skorpion schön, ein gepanzerter Ritter des Tierreichs, der seinen Stachelschwanz wie eine Standarte in die Höhe hielt. Die Ringe seines Chitinpanzers glänzten wie glasierter Ton, und die ellenlangen, spitz zulaufenden Scheren erinnerten in ihrem ins Bläuliche spielenden Schwarz an gezückte Schwerter.

Lautlos und konzentriert glitt der gepanzerte Tod auf seinen acht Gliederbeinen näher und näher.

Ich konnte nichts tun. Ich war substanzloser als ein Windhauch; ich konnte nicht einmal einen warnenden Ruf ausstoßen.

Schließlich sah auch der Junge, was ihm drohte. Sein Gesicht wurde aschfahl, die Augen traten aus ihren Höhlen, sein Mund öffnete sich zu einem entsetzten Kreischen, das für mich unhörbar blieb.

Da griff der Skorpion plötzlich mit einem ruckartigen Vorstoß an; der lange Giftstachel fuhr tief in den Oberschenkel des unglücklichen Jungen.

4. Die tote Stadt

In einer Art fasziniertem Entsetzen beobachtete ich den letzten Akt des Dramas. Ein unsichtbarer Zuschauer, unfähig zum Eingreifen, sah ich zu, wie der Junge sich in verzweifelter Todesangst gegen das Unausweichliche sträubte.

Seine wilden Schreie, die ich nur von seinen Mundbewegungen ablesen konnte, mußten weit durch die Stille schallen. Sein magerer Körper schnellte heftig auf und nieder, entweder vor Schmerz, oder um den Giftstachel des Ungetüms aus seinem Schenkel zu ziehen.

Aber der Riesenskorpion ließ sich nicht beirren. Sein beweglicher Schwanzteil paßte sich dem Auf- und Abschnellen des Opfers an, während er Brust und Bein des Jungen wie zur Probe mit den Spitzen der geöffneten Scheren abtastete. Dann, als er die verabreichte Dosis für ausreichend hielt, zog er den Giftstachel aus der Wunde und trippelte abwartend ein paar Schritte zurück.

Er würde nicht lange warten müssen. Die Haut um das Loch im Schenkel des Jungen schwärzte sich zusehends, und das Bein begann zwischen Knie und Hüftgelenk anzuschwellen, als das Gift vom Blutkreislauf weitertransportiert wurde.

Ich wußte einiges über die Natur dieser baumbewohnenden Skorpione, obwohl ich in meinem früheren Leben als Chong das Glück gehabt hatte, keinem zu begegnen. Aber die Waldläufer aus Sionas Bande hatten mir erzählt, daß man das Gift dieser Skorpione einzudicken pflegte, um damit Dolchklingen, Schwerter und Pfeilspitzen zu bestreifen. Und es war mir bekannt, daß die Skorpione ihrer Beute Gift injizierten, warteten, bis das Opfer gelähmt war, und es dann nach und nach auffraßen.

Ich konnte sehen, daß das Gift bereits seine Wirkung tat. Der Junge schnellte seinen Körper nicht mehr auf und ab, auch sein hilfloses Zerren an den Fesseln hatte fast aufgehört und war nur noch matter Reflex. Sein Atem ging unregelmäßig und mühsam; seine Augen begannen glasig zu werden.

Der Skorpion machte tastende Bewegungen mit dem vordersten Beinpaar und schien im Begriff, sich über seine Mahlzeit herzumachen.

Aber diesmal wurde er um den Lohn seiner Mühe gebracht. Ein hochgewachsener, hagerer Mann, in der Hand einen Stab, der wie Kristall funkelte, trat aus der Deckung eines grüngoldenen Laubvorhangs. Eine eng anliegende Kapuze bedeckte seinen Kopf bis auf das asketische Gesicht, und während der Fremde ohne Eile näherkam, hatte ich Gelegenheit, dieses Gesicht zu betrachten. Es war eine geheimnisvolle Maske von einem Gesicht: bräunlich wie vergilbtes Pergament, ruhig und heiter im Ausdruck, mit hellen, kühlen Augen, die die Szene nachdenklich, doch ohne erkennbare Anteilnahme überschauten. Gelangweilte Intelligenz lag in diesen quecksilberfarbenen Augen; der Mann machte den Eindruck eines gelehrten Ästheten.

Die Hand, die den eigenartigen kristallinen Stab hielt, steckte in einem schwarzen, metallisch glänzenden Handschuh, und auch der an den Zepter erinnernde Stab hatte schwarze Metallkappen an beiden Enden. Im Inneren der transparenten Substanz des Stabs flackerte und zuckte Licht wie in einer defekten Leuchtstoffröhre.

Der Skorpion wandte sich von seinem Opfer ab und dem Neuankömmling zu, die Scheren in einer abschreckenden Drohgebärde erhoben, den Hinterleib stoßbereit aufgerichtet. Er befürchtete, daß der Eindringling ihm seine Beute streitig machen wollte.

Der Mann mit der Kapuze brachte seinen Stab in Anschlag und entfernte die Metallkappe vom vorderen Ende. Im selben Moment schoß ein bläulichweißer Blitz durch das grüne Dämmerlicht. Der Riesenskorpion, getroffen von der elektrischen Entladung, erstarrte zunächst, dann begann er sich zusammenzuziehen, rollte auf den Rücken und verendete mit krampfartigen Zuckungen seines stachelbewehrten Hinterleibs.

Der Magier hatte seinen Stab rasch wieder verschlossen; weitere gefangene Blitze zuckten darin, als er die sonderbare Waffe in eine schwarze Gummiröhre an seinem Gürtel steckte.

Er kniete neben dem Jungen nieder und durchschnitt die Fesseln, ohne sich weiter um den verendeten Skorpion zu kümmern. Der Junge blieb bewegungslos mit ausgestreckten Armen und Beinen liegen, vom Gift offenbar schon gelähmt, und starrte mit glasigem Blick zu seinem Retter auf, der eine Hand auf die nackte Brust des Jungen legte, um den Herzschlag zu prüfen. Dann zog der Magier eine kleine Flasche mit roter Flüssigkeit aus einer geräumigen Umhängetasche, hob den Kopf des Jungen und entleerte den Flascheninhalt vorsichtig in seinen Mund.

Wieder prüfte er den Herzschlag, prüfte den Puls, zog die Augenlider mit Daumen und Zeigefinger weit auseinander. Dann, offenbar befriedigt, hob er den Jungen auf und trug ihn zu dem Laubvorhang, aus dem er gekommen war.

Ich schwebte dem rätselhaften Retter und seiner Last nach. Der Mann folgte dem leicht abwärts geneigten Ast einige hundert Meter weit zu einer Stelle, wo ein höchst bemerkenswertes Fahrzeug stand.

Mit seinen langen Kufen und der aufgebogenen Frontpartie sah es sehr wie ein altmodischer Schlitten des 19. Jahrhunderts aus. Es war annähernd drei Meter lang, und der hochgezogene Bug trug eine halbrunde Windschutzscheibe.

Der Kapuzenmann stieg ein, legte den Jungen in den Heckraum und schnallte ihn dort fest. Dann machte er es sich auf der vorderen Sitzbank bequem und beschäftigte sich eine Weile mit irgendwelchen Steuerungselementen unter dem Bug. Zu meiner Verblüffung glitt der Schlitten plötzlich vom Ast und schwebte rasch durch die Luft davon.

Ich war perplex. Dies war das erste Beispiel von hochentwikkelter Technik, das ich auf der Welt des Grünen Sterns angetroffen hatte. Die meisten Laonesen – wie die Bewohner dieses Planeten sich selbst nennen – schienen auf einer Kulturstufe zu stehen, die etwa dem ausgehenden Mittelalter auf der Erde entsprach. Aber dieses bemerkenswerte Flugzeug – und die elektrische Waffe, mit der dieser Mann den Riesenskorpion erlegt hatte – erbrachten den Beweis, daß es auf dieser Welt vielleicht doch Völker gab, die eine fortgeschrittene Technik entwickelt hatten.

Nachdem ich mich von meiner Überraschung erholt hatte, setzte ich meinen körperlosen Flug in der Richtung fort, die der fliegende Schlitten genommen hatte. Bald holte ich ihn ein und konnte sein Funktionieren beobachten. Ich sah weder Propeller noch Anzeichen von Triebwerken oder Abgasen. Die Antriebsenergie war mir ein Rätsel; viel später erst erfuhr ich, daß der Schlitten mit elektromagnetischer Energie betrieben wurde, die er dem Magnetfeld des Planeten entnahm.

Der Luftschlitten sauste in beängstigender Geschwindigkeit durch das Gewirr von Riesenstämmen, Ästen und Laubaskaden, und als er sein Ziel erreichte, hatte ich den Eindruck, daß seit dem Start weniger als eine halbe Stunde verstrichen war.

Meine Verfolgungsjagd wurde mit einem überraschenden Anblick belohnt. In der breiten Talmulde, die von der Gabelung eines gigantischen Baums gebildet wurde, lag eine kleine Stadt, deren Gebäude aus Onyx oder einem anderen schwarzen Kristall errichtet zu sein schienen.

Sie erhob sich wie ein Amphitheater in steil gestaffelten Terrassen um einen kleinen See aus Regenwasser, der in der tiefsten Mulde der Baumgabelung entstanden war, und die obersten Terrassen waren als Höhlenbehausungen mit vorgeblendeten Fassaden, in die auseinanderstrebenden Riesenstämme hineingehauen.

Aus der Nähe zeigte sich, daß diese seltsame Stadt aus mattglänzendem schwarzem Material verlassen und tot war.

Ihr Alter war nicht zu bestimmen, da es mir an Vergleichsmöglichkeiten fehlte, aber die Zeit und das allmähliche Wachstum des Baums hatten ihre Spuren hinterlassen. Breite Risse liefen kreuz und quer durch die Terrassen, hatten Gebäude zum Einsturz gebracht und einige von den minarettähnlichen Türmen umgeworfen, die sich hie und da über die flachen Dächer erhoben. Die schmalen, gewundenen Gassen waren mit Schutt und Scherben bedeckt.

Das war meine erste Begegnung mit der toten Stadt Sotaspra.

Nicht alles Leben in der verfallenden Stadt war ausgestorben, denn der geheimnisvolle Fremde lenkte seinen Schlitten zielbewußt zu einem Gebäude am äußeren Rand der Siedlung, wo die Gabelung des Baums sich zum Abgrund öffnete.

Ungesehen, ein schwebender Geist von einem fremden Stern, folgte ich ihm.

Der Mann mit der Kapuze landete seinen Luftschlitten auf dem Flachdach, unmittelbar vor einem Minarett, das nicht nur intakt war, sondern sich auch in anderer Hinsicht von den übrigen unterschied. Während jene von einem toten, matten Schwarz waren, leuchtete der Turm dieses Gebäudes scharlachrot. Ich hatte die seltsam anmutende Idee, daß das Haus und der Turm des Magiers irgendwie revitalisiert worden seien, während der Rest der Stadt — seiner Energievorräte beraubt und dem Verfall preisgegeben — vor sich hin dämmerte. Viel später sollte ich erkennen, daß dieser erste Eindruck zutreffend war.

Der Magier hob den bewußtlosen Jugen aus seiner Maschine und trug ihn durch eine Türöffnung in den Turm. Ich folgte ihm in einen fast kahlen Raum, wo er den Jungen auf eine Couch bettete und sich ohne Umschweife daranmachte, das unförmig geschwollene und verfärbte Bein aufzuschneiden. Nachdem er das vergiftete Blut abgesaugt hatte, reinigte und behandelte er die Wunde, beschmierte den ganzen Oberschenkel mit einer Salbe und verließ den Raum über eine Wendeltreppe, die vermutlich in das anstoßende Gebäude führte.

Als er kurz darauf zurückkehrte, trug er einen Apparat, der wie eine Stehlampe aussah. Die Lichtquelle war eine Glasspirale unter einem haubenartigen weißen Schirm, der die Strahlen bündelte und richtete.

Er stellte das Instrument neben die Couch und justierte es so, daß die Strahlen aus geringer Höhe das verletzte Bein treffen mußten. Dann schaltete er seine Heillampe ein, und ein intensives rötliches Licht badete das Bein des Jungen.

Abermals verließ der Magier den Raum, um nach einer Weile mit einem Tablett wiederzukommen, das eine Anzahl von Instrumenten und verkorkten Flaschen enthielt. Mit allen Mitteln versuchte er während der nächsten zwei Stunden, das Leben des Jungen zu retten.

Als mitfühlender Zuschauer blieb ich in der Nähe, fasziniert von diesem sonderbaren Mann, der allein in einer Ruinenstadt lebte und über eine Technik gebot, die kaum von dieser Welt sein konnte.

Mit Hilfe eines Apparats, der an eine Destillieranlage erinnerte, gelang es dem Magier, den Blutkreislauf des Jungen nach und nach vom Gift zu befreien, und die heilenden Strahlen der Lampe schienen tatsächlich einen Rückgang der Anschwellung zu bewirken.

Trotzdem wurde mehr und mehr deutlich, daß der Kampf des Magiers gegen den Tod hoffnungslos war. Zuviel Zeit war zwischen dem Angriff des Skorpions und dem Beginn der Behandlung verstrichen. Das Gift hatte den bereits geschwächten Organismus durchdrungen und seinen tödlichen Zweck weitgehend erfüllt; der Junge lag im Koma, und alle Anstrengungen seines Retters, ihn ins Leben zurückzuholen, blieben vergeblich.

Es wurde Nacht, und mit dem Dahinschwinden des Tageslichts versickerte auch die Lebenskraft des unglücklichen Jungen. Totenbleich lag er auf der Couch, und die Schweißausbrüche und sein schweres Atmen, die während des Nachmittags noch das Vorhandensein körperlicher Abwehrkräfte signalisiert hatten, hatten längst aufgehört. Sein Atem war schwach geworden und kaum noch wahrzunehmen. Der Gesichtsausdruck des Magiers gab zu erkennen, daß er kaum noch einen Puls fühlen konnte und zu resignieren begann. Er hatte alles getan, was in seiner Macht stand. Als gegen Mitternacht die Lebenszeichen des Jungen noch schwächer geworden waren, zuckte der Mann mit den Achseln, schaltete seine Apparate aus und verließ den Raum.

Ich blieb und beobachtete das Drama, in das der Zufall mich gestoßen hatte, bis zum letzten tragischen Augenblick.

Dann, in den ersten Morgenstunden, wurde ich Zeuge eines unheimlichen Phänomens, wie es noch nie eines Menschen Auge erblickt hatte. Wie es kam, daß ich es sehen konnte, kann ich nicht erklären. Vielleicht lag es an meinem eigenen körperlosen Zustand. Selbst ein unsichtbarer Geist, sah ich vielleicht mit den Augen eines Geistes, der seinesgleichen wahrzunehmen imstande ist.

In der Dunkelheit des Raums bemerkte ich plötzlich eine schwache Lichterscheinung wie eine kleine helle Nebelwolke, die, von innen her erleuchtet, langsam dem reglosen Körper des Jungen entstieg. Sie schwebte einen Augenblick über der liegenden Gestalt, wurde heller, um sich dann zu einem augengroßen, verwaschenen Lichtpunkt zu verdichten ... und trieb aus dem Raum. Ich ahnte, daß es mir vergönnt gewesen war, eine unsterbliche Seele beim Verlassen ihrer sterblichen Hülle zu beobachten.

Der Junge war jetzt tot. Noch war sein Körper warm, aber schon bald würde er abkühlen, das Blut in seinen Adern würde gerinnen, und die Totenstarre würde von seinen Gliedern Besitz ergreifen.

Ich muß zugeben, daß ich mit dem Gedanken gespielt hatte, seit mir klargeworden war, daß der Junge nicht überleben würde; dennoch überraschte mich mein eigenes Handeln in diesem Moment. Kein bewußter Willensakt lag ihm zugrunde, und ich war noch voller Zweifel, ob ich in einer solchen Gestalt meine körperliche Auferstehung aus der Welt unter dem Grünen Stern feiern oder auf eine bessere Gelegenheit warten sollte. Ich glaube, es war Leichtsinn, Verrücktheit und eine Art Torschlußpanik, die mich auf einmal überkam.

Rasch wie ein Gedanke schwebte ich hinab und schlüpfte in den leeren, warmen und wartenden Körper.

5. Ich lebe wieder

Mein Körper fühlte sich taub an, und zugleich brannte er wie Feuer. Brandungsgeräusche donnerten in meinen Ohren. Ich schnappte nach Luft, kämpfte gegen ein ungeheures Gewicht, das auf meiner Brust zu lasten schien und jede Ausdehnung meiner Lungen zu verhindern suchte.

Was für eine Dummheit hatte ich begangen, in den verlassenen Körper des halbverhungerten Wäldlerjungen einzudringen! Hatte ich nicht die Absicht gehabt, eine zeitlang als freier Geist unbehindert diese Welt zu durchstreifen, um die Stadt Phaolon wiederzufinden? Ich war nahe daran, diesen Körper ein zweites Mal sterben zu lassen und mich aus ihm zurückzuziehen.

Aber ich kämpfte weiter und setzte meinen Willen gegen die versagenden Organe, befeuert von der uneingestandenen Angst, ich könnte womöglich jahrelang durch diesen unendlichen Wald schweben, ohne eine zweite Gelegenheit zu finden. Roter Nebel wirbelte vor meinen Augen. Unerträgliche Schmerzen tobten durch mein Nervensystem, als der Organismus von neuem zu arbeiten begann. Wäre ich kräftig genug gewesen, hätte ich meine Qual laut hinausgekreischt; aber ich hatte kaum genug Atem für ein dünnes Wimmern.

Nach endlos erscheinender Zeit ließen die Schmerzen nach. Der rote Nebel löste sich allmählich auf, und das Tosen des Blutes im inneren Ohr verging.

Aber noch immer war jeder Atemzug ein mühsames Ringen. Das Herz in meiner Brust arbeitete heftig und unregelmäßig, nur von meinem unbedingten Willen und dem machtvollen Überlebensinstinkt in Gang gehalten.

Irgendwann schwand mein Bewußtsein, oder ich schlief ein.

Nach einer ungewissen Zeitspanne kämpfte ich mich wieder in einen halbwachen Zustand zurück und blickte in die kühlen, abwägenden Augen des Magiers auf, die mich mit einem Anflug von Überraschung und — wie mir schien — Bewunderung musterten. Durch das laute Pochen meines Herzens konnte ich nicht hören, was er murmelte. Er hob meinen Kopf und hielt einen Becher an meine ausgedörrten Lippen, und ich schluckte ein starkes, gegorenes Getränk, bitter wie Chinin. Es brannte in der Kehle und bildete einen Herd von Wärme im Magen. Die Taubheit in meinen Armen und Beinen verlor sich im gleichen Maße, wie die innere Wärme sich ausbreitete, und die Schmerzen ließen nach. Ich schlief wieder ein.

Tagelang verharrte ich in einer Art Dämmerzustand, aber allmählich schien mein Befinden sich so weit zu bessern, daß ich nicht mehr in unmittelbarer Gefahr war, den so mühsam eroberten neuen Körper wieder zu verlieren.

Ich schlief viel, während die seltsame Lampe mich bestrahlte und der Magier mir von seinem Gebräu einflößte. Zweifellos enthielt es irgendein Narkotikum, denn nie kam ich ganz aus meinem halbwachen Dämmerzustand heraus.

Warum ich lebte, während der Junge selbst gestorben war, blieb mir verborgen. Vielleicht lag es einfach daran, daß ich ein ausgewachsener Mann mit größerer Energie und Willenskraft bin, während er ein spindeldürrer, mißhandelter und ausgehungerter Halbwüchsiger gewesen war. Jedenfalls erholte ich mich mit der Zeit vom giftigen Stich des Riesenskorpions Die Wunde an meinem Oberschenkel verheilte, und ich konnte die ersten hinkenden Gehversuche machen.

Im Körper eines anderen zu leben, beunruhigte mich längst nicht mehr. Der Junge war gestorben, und als Geist hatte ich nichts für ihn tun können. Wenn die Seele ihn verlassen hat, ist der Körper nichts als tote Materie. Wäre ich nicht hineingeschlüpft, um ihn wiederzubeleben, wäre er zerfallen und vermodert.

Aber der Besitz dieses Körpers war in mehr als nur einer Hinsicht eine eigenartige und verwirrende Erfahrung. Nicht nur, daß der geliehene Körper ungewohnt und neu für mich war, das hatte ich bei meinem ersten Aufenthalt schon erlebt. Aber als ich damals in den Körper des wackeren Kriegers Chong schlüpfte, hatte dieser tapfere Held längst das Zeitliche gesegnet, und die Erinnerungen waren tot und aus seinem Gehirn verblichen.

Der Körper dieses Jungen dagegen war sozusagen frisch verstorben – wenn man überhaupt sagen konnte, daß er tot gewesen war, da ich in ihn eindrang, unmittelbar nachdem sein Geist ihn verlassen hatte. Das Gehirn des Jungen war immer noch ein lebendiges Organ, vollgestopft mit frischen Erinnerungen. So kannte ich zum Beispiel seinen Namen. Er hieß Karn, ›Karn der Jäger‹, wie er sich selbst nannte. Und ich wußte, daß er ein Waisenjunge war, der seit dem Tod seiner Eltern allein in den Riesenbäumen lebte und sich von dem Wild ernährte, das er mit Pfeil und Bogen erlegte oder in geschickt ausgelegten Fallen fing. Es gab viele, die wie Karn abseits der Baumstädte in der Wildnis lebten. Manchmal taten sie sich zu kleinen Banden oder Sippen zusammen, aber meistens hausten sie allein, ernährten sich von Jagen und Sammeln und mieden die Gesellschaft anderer Menschen.

Das Leben dieser Einzelgänger war hart und gefährlich, denn die Welt des Grünen Sterns ist eine von Feinden wimmelnde, ungebändigte Wildnis, in der nur einige wenige Inseln der Zivilisation und Sicherheit existieren.

So war es auch für Karn den Jäger gewesen. Und sein Gedächtnis bewahrte den Moment seiner Gefangennahme durch Leute vom eigenen Stamm in frischer Erinnerung.

Es war eine unheimliche Erfahrung, in die fremden Erinnerungen einer anderen Person und eines anderen Lebens einzutauchen. Aber meine Neugierde war unter den Umständen natürlich genug, denn ich hatte schließlich die Identität des Jungen angenommen und mußte mich in ihr zurechtfinden. So durchforschte ich das Gedächtnis Karns des Jägers und erfuhr von den Umständen, die ihn in seine verzweifelte Lage gebracht hatten ...

Sein Vater war Athgar gewesen, ein Jäger und Angehöriger des Stammes der Roten Drachen, eines primitiven Volks von umherziehenden Wildbeutern, das in ständiger Feindschaft mit den Nachbarstämmen lebte. Athgar hatte Gefallen an dem Mädchen Dioma gefunden, der Tochter des Stammeshäuptlings, und Dioma schien seine Liebe erwidert zu haben. Aber ihr Vater hatte sie einem anderen versprochen und Athgar abgewiesen, als er zur Brautwerbung gekommen war. Athgars Rivale um die Gunst Diomas hatte ihn bald danach beschuldigt, ein Tabu gebrochen zu haben, und unter diesem Vorwand war Athgar aus dem Stammesverband verstoßen worden. Aber an dem Tag, als der andere die Kaufsumme für Dioma gebracht hatte und die Hochzeitsriten vorbereitet worden waren, war Athgar zurückgekehrt, hatte seinen Rivalen erschlagen und Dioma, die Karns Mutter werden sollte, in die Wildnis entführt.

Jahre später war Athgar auf der Jagd getötet worden. Karn war damals neun Jahre alt gewesen, und in den folgenden Jahren war ihm und Dioma kaum eine Entbehrung erspart geblieben. Schon mit zwölf war er allein jagen gegangen, und als seine Mutter durch Krankheit den Tod gefunden hatte, war Karn vierzehn und bereits ein vollwertiger Jäger gewesen.

Aber das grausame Gesetz des Überlebens in der Wildnis verurteilt jene, die aus freien Stücken oder als Ausgestoßene abseits von ihren Mitmenschen leben, zu unaufhörlichem Krieg. Die meisten von ihnen sind Banditen oder Geächtete, die man tötet, wann immer man ihrer habhaft werden kann.

Diesem Schicksal war auch Karn der Jäger, Sohn von Athgar dem Jäger, nicht entgangen. Kaum zwei Jahre nach dem Tod seiner Mutter war er von einem umherstreifenden Trupp der Roten Drachen gefangen worden. Sie hatten ihn zum Stammeslager gebracht, als er ihnen gesagt hatte, wer er war, und ihn ohne Nahrung viele Tage lang in einen Käfig gesperrt. Dann, nachdem die Sippenältesten des verstreut lebenden Stammes zusammengekommen waren und über sein Schicksal beraten hatten, war er mit Schlägen in die Wildnis hinausgetrieben und dort an Pflöcken aufgespannt worden, dem sicheren Tod ausgeliefert.

Karns geheimnisvoller Retter entpuppte sich als ein kalter, unpersönlicher Mann, der den Grund für seine Hilfeleistung noch nicht mitgeteilt hatte. Sein Name war Sarchimus, und in dieser Chronik habe ich ihn in Ermangelung einer passenderen Bezeichnung einen ›Magier‹ genannt. Sarchimus der Weise wurde er genannt, und er lebte allein in diesem Haus mit dem roten Minarett. Es gab andere wie Sarchimus, die verstreut in der toten Stadt lebten, aber es sollte noch einige Zeit dauern, bis ich ihnen begegnete.

Sarchimus war schweigsam und undurchdringlich; er blieb für sich und beschäftigte sich mit Studien, von denen ich nur wenig wußte, weil ich ihn selten sah. Obwohl er sich weiter um mich bemühte, während ich mich allmählich erholte und wieder zu Kräften kam, war er weder mein Freund noch mein Herr. Sarchimus war ein Geheimnis, das ich noch zu entdecken hatte.

Und so war die erste meiner neuen Erfahrungen, daß ich nun die lebendigen Erinnerungen eines anderen besaß. Nur seine Erinnerungen, nicht aber sein Wesen oder sein Identitätsgefühl, denn die waren mit seinem Geist ins Unbekannte entflohen. Eine andere neue und verwirrende Erfahrung war für mich mein neuer Körper, der einem halbwüchsigen Jungen gehört hatte, denn in meinem früheren Leben war ich ein Mann Mitte der Dreißig gewesen, und diese Rückverwandlung in einen Jungen war unheimlich und verwirrend. Es dauerte lange, bis ich mich an meinen neuen Zustand gewöhnte. Hinzu kam noch, daß ich nun — ich als ein seit meinem sechsten Lebensjahr gehunfähiger Krüppel — in einem von unbändiger Bewegungsfreude beherrschten Körper steckte. Einem Körper, der mit der leichtsinnigen Selbstvergessenheit eines gesunden Jungen ständig rennen und klettern und toben wollte und sich gegen die mehr gesetzte und vorsichtige Steuerung meines Willens auflehnte. Es war alles wie ein seltsamer Traum.

Wieder ein gesunder Junge zu sein, ist sicherlich ein Traum, den viele Männer zu allen Zeiten geträumt haben. Die Verwirklichung des Traums war jedoch, so komisch es klingen mag, unangenehm. Obwohl mein Verstand der eines Mannes war, waren meine Gefühle unreif, tastend und von starken Schwankungen der Gemütslage begleitet, die meine Selbstbeherrschung immer wieder durchbrachen. Wenn ich meinen Retter oder Meister sah, litt ich unter der Unbeholfenheit eines schüchtern errötenden Jungen. Weit davon entfernt, mit ihm von Mann zu Mann zu verkehren, wie ich es mir stets von neuem vornahm, fühlte ich mich von seiner überlegenen Weisheit und seinen geheimnisvollen Kenntnissen eingeschüchtert und sah mich nicht als ebenbürtige Persönlichkeit, sondern als seinen Untergebenen. Diese Emotionen des Jungen Karn frustrierten den erwachsenen Geist, der nun seinen Körper bewohnte; es war ein Zwiespalt, der lange andauerte, bis es endlich zu einer Art Synthese kam und ich mein neues Leben als Karn der Jäger akzeptierte.

Das Haus des Sarchimus war klein, aber zusammen mit dem Turm konnte man es geräumig nennen. Der Magier hatte seine privaten Räume, zu denen mir der Zutritt verwehrt blieb, im Turm, den er oft tagelang nicht verließ, und so sah ich ihn nach meiner Genesung nur noch selten. Er war ein rätselhafter Mann, mein ›Meister‹, und überließ mich die meiste Zeit mir selbst. Meine Gesellschaft schien ihm nichts zu bedeuten, und im allgemeinen ignorierte er meine Gegenwart. Auch erwartete er keine Dienstleistungen von mir – wenigstens nicht in der ersten Zeit.

Mich kümmerte das wenig, und ich machte mir nicht die Mühe, seine Geheimnisse zu ergründen. In dieser Periode genügte es mir, daß er mich nicht ausnützte und mir Zeit ließ, mich mit meinem neuen Körper anzufreunden, denn ich hatte eine Menge Schwierigkeiten mit Karns wilden Instinkten.

Wir aßen getrennt und lebten getrennt, mein Meister und ich. Die geheimnisvollen Erbauer dieser Stadt hatten die Geheimnisse einer fremden Wissenschaft beherrscht. Ich werde zu diesem Gegenstand noch mehr sagen müssen, doch mag einstweilen die Bemerkung genügen, daß die unbeschränkte Konservierung von Nahrungsmitteln zu ihren Errungenschaften gehörte. Von den Vorräten, die sie angelegt hatten, ernährten wir uns. Es gab Fleisch und verschiedene Sorten Gemüse und Früchte, die in durchsichtigen Behältern aufbewahrt wurden. Neben diesen Vorräten, von denen Sarchimus große Mengen im Keller seines Turms gestapelt hatte, gab es Säcke voll eines nach Maniok schmeckenden flockigen Mehls, bohnenartige Hülsenfrüchte und große Bündel getrockneter Kräuter. Solange ich als Gast in Sarchimus' Haus lebte, brauchte ich mir nie Gedanken zu machen, woher ich meine nächste Mahlzeit nehmen sollte.

Teil II

Das Buch von Sarchimus dem Weisen

6. Der scharlachrote Turm

Die tote Stadt Sotaspra, in der Sarchimus der Weise Wohnung genommen hatte, war vor langer Zeit verlassen worden, wie am Ausmaß des Verfalls leicht abzulesen war. Aber in ihrer Blütezeit mußte sie eins der Zentren einer hochentwickelten Zivilisation gewesen sein. Der Luftschlitten, der seine Antriebsenergie aus dem Magnetfeld des Planeten bezog, war nur ein Beispiel für die hohe Stufe wissenschaftlicher und technischer Entwicklung, den die Erbauer Sotaspras vor ihrem unerklärlichen Niedergang erreicht hatten. Ein anderes und fast ebenso eindrucksvolles Beispiel war der Stab, in dem Energieentladungen aufbewahrt werden konnten und mit dem Sarchimus den Riesenskorpion getötet hatte.

Der Magier war natürlich nicht aus Sotaspra gebürtig, denn die Stadt war bis auf die wenigen, die dort nach den vergessenen Geheimnissen des Urvolks forschten, unbewohnt. Sarchimus war in einer fernen Stadt, deren Namen ich nie erfuhr, zur Welt gekommen und aufgewachsen, und sein Wissensdurst hatte ihn hierhergeführt. Neugierde und Wissensdurst hatten auch die anderen Weisen angelockt, die in der Ruinenstadt lebten, aber Sarchimus sah in diesen Leuten seine Feinde und Rivalen. Jeder wohnte hier in eifersüchtig gewahrter Zurückgezogenheit für sich. Jeder mißtraute jedem, und so lebten sie in der ständigen Wachsamkeit eines vorübergehenden Waffenstillstands.

Wie ich Sarchimus' gelegentlichen Anwandlungen von Beredsamkeit entnahm, war er schon vor vielen Jahren nach Sotaspra gekommen. Er hatte das Haus und seinen Turm eigenständig instandgesetzt und zu einer Art Festung ausgebaut, bevor er darangegangen war, die Stadt zu erforschen, die sich, wie er mir anvertraute, stellenweise mehrere Stockwerke tief ins Innere des Baums erstreckte. Nach und nach hatte er die verschiedenen Instrumente und Fahrzeuge der untergegangenen Zivilisation aus den Ruinen ausgegraben und zusammengetragen, hatte sie studiert und in vielen Fällen das Geheimnis ihrer Anwendbarkeit entdeckt. Aber zahlreiche andere Geräte hatten allen seinen Deutungsversuchen widerstanden, und er war überzeugt, daß es noch eine Menge unbekannte Geheimnisse zu entdecken gäbe.

Daß dieser gesunde junge Körper noch lebte, war neben meiner Willenskraft vor allem der Tatsache zuzuschreiben, daß die Bestrahlungslampe eines der ersten Geheimnisse der vergessenen Wissenschaft Sotaspras gewesen war, die er wiederentdeckt und beherrschen gelernt hatte. Ich konnte nicht umhin, mich in seiner Schuld zu fühlen und ihm ein gewisses Maß an Dankbarkeit entgegenzubringen, daß er mir so zu meiner neuen Verkörperung verholfen hatte, obwohl mir die Gründe seines Tuns schleierhaft blieben. Seine unpersönliche und hochmütige Art, die jedes menschliche Näherkommen verhinderte, gab mir Anlaß zu dem Verdacht, daß er Karn den Jäger nicht aus selbstlosen Motiven gerettet habe.

Sobald ich wieder hergestellt war, begann ich das Haus und die mir zugänglichen Teile des Turms zu erforschen. Es war mir nicht völlig klar, was ich suchte, aber neben allgemeiner Neugierde und dem Wunsch, mehr über die Welt zu erfahren, in der ich lebte, ging es mir vor allem darum, die Lage der toten Stadt in Bezug auf die wenigen Teile dieser Welt zu erfahren, die ich in meiner früheren Inkarnation als Chong kennengelernt hatte. Am besten wäre mir mit dem laonesischen Äquivalent einer Landkarte oder eines Globus gedient gewesen, aber ob die tote Stadt der rechte Ort war, nach so etwas zu suchen, erschien mir zweifelhaft. Es gab keine Möglichkeit, den Weg dorthin zurückzufinden, wo ich die Prinzessin Niamh verlassen hatte, solange ich nicht entdeckte, wo die tote Stadt und wo das Baumhöhlendorf der Banditen lag. Zumindest hoffte ich, die Lage von Niamhs Stadt Phaolon herauszubringen, die am Ende meines früheren Aufenthalts von den Legionen Ardhas, einer feindlichen Stadt, bedroht worden war. Selbst wenn es mir nicht gelänge, meine Prinzessin wiederzufinden, könnte ich ihr einen Dienst erweisen, indem ich mich an der Verteidigung ihrer Stadt beteiligte.

Leider schien die Zivilisation von Sotaspra so etwas wie Karten nicht gekannt zu haben. Oder wenn es dergleichen gab, gehörte es nicht zu den Dingen, die Sarchimus geborgen und in sein Haus gebracht hatte.

Das Herumstöbern in Sarchimus' Haus und den Teilen seines Turms, die mir nicht ausdrücklich verboten waren, wurde mangels Beschäftigung zu meiner Haupttätigkeit. Eine Wendeltreppe verband die Stockwerke miteinander, und in jedem Geschoß gab es Räume und kleine Kammern. Sarchimus' Bibliothek nahm ein ganzes Geschoß ein, was angesichts der Schlankheit des Minaretts nicht allzuviel bedeuten mochte. Nichtsdestoweniger war es die größte Bibliothek, die ich auf diesem rückständigen Planeten bisher gesehen hatte. Die gebogenen Wände waren mit Regalen bedeckt, die von Schriftrollen, losen Blättern und Bänden jeder Art und Größe überquollen. Wäre meine Suche allein von müßiger Neugierde motiviert gewesen, hätte ich viele Tage damit verbringen können, dieses Universum fremder Literatur zu erforschen. Wie die Dinge lagen, wollte ich fort von hier; überdies wagte ich kein allzu deutliches Interesse an der Bibliothek zu zeigen, weil es vielleicht das Mißtrauen meines Meisters geweckt hätte. Ein primitiver Junge aus der Wildnis mußte Analphabet sein. Selbst wenn man ihm einen gewissen Informationshunger zubilligte, machte er sich durch allzu häufiges Stöbern in der Bibliothek nur verdächtig.

Die handgeschriebenen Bücher der Laonesen ließen durchweg einen Hang zur Gigantomanie erkennen, als gewänne der Inhalt erst durch die entsprechenden äußeren Dimensionen Gewicht. Viele dieser schweren Folianten waren aufgeschlagen über einen Quadratmeter groß, und wenn man sie in Ruhe studieren wollte, brauchte man ein Lesepult. Schon das bloße Hin- und Herbewegen eines solchen Bandes war Schwerarbeit und so blieb meine Inspektion der Bibliothek notwendigerweise auf verstohlene Stichproben hier und dort beschränkt. Ich war auf die Lektüre laonesischer Literatur ohnedies schlecht vorbereitet; die Sprachlektionen, die ich in meiner früheren Verkörperung bei Khinnom, dem alten Philosophen von Phaolon, genommen hatte, hatten das Schriftliche gegenüber dem Mündlichen vernachlässigt.

So schlecht es um meine Kenntnisse der geschriebenen Sprache bestellt gewesen sein mag, sie reichten hin, daß ich im Laufe der Zeit eine Vorstellung vom Inhalt der Bibliothek gewann. Die meisten Folianten behandelten philosophische und metaphysische Probleme und waren in einer so gestelzten, umständlichen und symbolbefrachteten Sprache geschrieben, daß ich sie ziemlich unverständlich fand. Ich entdeckte nur wenige Bücher naturwissenschaftlichen Inhalts, und diese beschäftigten sich hauptsächlich mit Alchimie und Heilkunde. Über das, was ich suchte, erfuhr ich nichts. Meine einzige Erkenntnis war, daß diese Bibliothek nicht dem Kulturkreis entstammen konnte, dem die Erbauer Sotaspras angehört hatten. Aber wie war es Sarchimus ohne Texte und schriftliche Anleitung gelungen, den Schlüssel zu der vergessenen Wissenschaft der Alten zu finden?

In zwei Geschossen des achtstöckigen Turms hatte Sarchimus seine Fundstücke aus der toten Stadt zusammengetragen, darunter auch Kunstgegenstände, Artefakte und Bruchstücke von Fassadenschmuck. Die hohe intellektuelle Verfeinerung der alten Rasse war an ihrer Kunst vielleicht noch deutlicher abzulesen als an ihrer bemerkenswerten Technik, denn hier waren Mosaikreste, Bildwerke und Teile von Fresken, die sich in jedem irdischen Museum moderner Kunst hätten sehen lassen können — geometrische Abstraktionen, Studien in reinen Tonwerten, surrealistisch anmutende Arbeiten, in denen bedeutungslose organische Formen und Farben subtil miteinander kontrastierten.

Aber andere Kunstwerke, die vielleicht einer früheren Ära entstammten, zeigten naturgetreue, wenn auch scheinbar allegorische Darstellungen. Das Thema waren in allen Fällen menschenähnliche geflügelte Wesen, in denen ich zuerst Engel oder Genien vermutete.

Während manche Räume des roten Minaretts alltäglichen Zwecken dienten, andere leer standen oder wie die in den obersten Etagen für mich unzugänglich waren, blieb vieles von dem, was ich sehen konnte, rätselhaft und geheimnisvoll. Zu welchem Zweck hatten die Erbauer des Turms zum Beispiel den zentralen Schacht konstruiert, der den ganzen Turm durchlief und an dem sich die schmale Wendeltreppe emporrankte? Ein tragendes Element konnte er kaum sein, denn er war allem Anschein nach nichts als eine enge, hohle Röhre mit halbrunden Schiebetüren auf jeder Etage. Ich fragte mich, ob es eine Art Aufzugschacht darstellte, aber da es weder eine Kabine noch Kabel gab und der Durchmesser weniger als einen Meter betrug, ließ ich diese Hypothese bald wieder fallen und betrachtete diesen Schacht einfach als ein weiteres Rätsel in einer Welt vieler Geheimnisse.

Zuweilen kam es vor, daß Sarchimus mich zu Handreichungen heranzog, und so lernte ich sein Laboratorium kennen, in dem er täglich mehrere Stunden zu verbringen pflegte. Er arbeitete dort mit Glasbehältern, Röhren und komplizierten Apparaten unbekannter Funktion, geometrisch geschliffenen Kristallen auf Sockelplatten aus Kupfer, Jade und Eisen. Lichter bewegten sich und schimmerten in diesen Kristallen, und einer von ihnen, ein großer eiförmiger Körper mit ungezählten angeschliffenen Facetten, enthielt in seinem Innern ein Muster von winzigen, sternähnlichen Lichtpunkten, die in einem eigenen komplizierten Rhythmus aufleuchteten und wieder erloschen. Ein anderer Kristall, der wie eine Birne geformt war, glühte in einer matten, langsam pulsierenden Strahlung, deren Quelle im Kristall selbst zu liegen schien und die wie das sichtbare Schlagen eines Herzens anmutete. Und schließlich gab es ein das ganze Rund des Laboratoriums einschließendes, armdickes Rohr unter der Decke, das mich mit seinen zahlreichen Anschlüssen und Instrumenten an ein Zyklotron erinnerte und in dem es in unregelmäßigen Abständen zu lautlosen Energieentladungen blendenden bläulichweißen Feuers kam.

Der Sinn dieser von Licht belebten Kristalle und der ganzen übrigen Einrichtung war für mich ein weiteres Geheimnis.

Und noch rätselhaftere Dinge warteten auf mich.

Mein Wohnquartier war in dem kleinen Haus, das an den scharlachroten Turm angebaut war, und gewöhnlich begann mein Tag damit, daß ich aus den konservierten Lebensmittelvorräten mein Frühstück zusammenstellte. Nach der Mahlzeit pflegte ich dann mangels anderer Beschäftigung auf Entdeckungen auszugehen.

Als ich glaubte, die Teile des Turms, die ich besuchen durfte, hinlänglich zu kennen, stieg ich in den Keller hinunter, wo die Fundamente im gewachsenen Holz des Riesenbaums verankert waren.

Dies war ein Teil des roten Turms, den Sarchimus offensichtlich vernachlässigte. Schutt und feiner Staub bedeckten den Boden knöcheltief, durchsetzt mit kleinen Bruchstücken ausgetrockneten und porösen Holzes und Keramikscherben. Aber das war nicht erstaunlich.

Das Erstaunliche war, daß in dem weiten Rund dieses Kellerraums mehr als hundert Statuen standen oder lagen.

Ich erwähnte schon die von den ausgestorbenen Erbauern Sotasprans zurückgelassenen Kunstwerke, und daß ihr figürliches Hauptmotiv eine allegorische oder mythologische geflügelte Gestalt war, ähnlich den tausendfach abgewandelten Darstellungen von Engeln, geflügelten Genien und Dämonen in unserer eigenen Kunstgeschichte. Nun, alle in diesem Raum versammelten Statuen waren von der Art dieser bemerkenswerten geflügelten Wesen. Sie waren zwei bis zweieinhalb Meter hoch und in einer bunten Vielfalt verblüffend realistischer Posen wiedergegeben — verblüffend nicht allein wegen der realistischen Art der Darstellung, sondern vor allem wegen der gewöhnlichen Alltäglichkeit der Verrichtungen und Haltungen, in denen der Künstler sie festgehalten hatte.

Manche waren sitzend dargestellt, saßen aber in der Luft, weil auf die Widergabe des jeweiligen Sitzmöbels verzichtet worden war. Andere lehnten an den Wänden, lagen wie schlafend auf den Bäuchen, zugedeckt mit ihren angefalteten Flügeln, oder saßen weit zurückgelehnt mit abgespreizten Armen und Beinen, als ob sie gerade hintenübergefallen wären. Viele hatten die Köpfe in die Hände gestützt und schienen grüblerisch ins Leere zu starren, die Ellbogen in der Luft, und eine große Gruppe führte alle möglichen Gebärden aus, die alles, vom Kopfkratzen bis zur Inspektion der Zehen, einschlossen.

Es war alles höchst ungewöhnlich und interessant. Nie zuvor hatte ich eine Ausstellung von Plastiken gesehen, in der die Figuren so lebensecht und vor allem in so gewöhnlichen und alltäglichen Beschäftigungen nachgebildet worden waren. Auch waren sie aus einem höchst sonderbaren Material gemacht, das wie Gips aussah und meinem unkundigen Verstand wenig geeignet erschien, weil der leichteste Schlag einen Arm oder einen Finger abbrechen konnte. Tatsächlich waren viele Statuen beschädigt und manche in Stücke gebrochen.

Es war nur ein weiteres Geheimnis.

Aber eins, an das ich mich später erinnern sollte ...

7. Die Stadt der Monster

Wenn ich den Eindruck erweckt habe, daß ich während dieser Periode mit meinem Meister so gut wie nichts zu schaffen gehabt hätte, so möchte ich ihn hier korrigieren. Obwohl Sarchimus mich die meiste Zeit mir selbst überließ und sich mit seinen Forschungen und Experimenten beschäftigte, die keine Störung vertrugen, kam es hin und wieder vor, daß ich ihm zur Hand gehen oder kleine Dienstleistungen für ihn verrichten mußte, wie etwa, wenn er irgendeinen Gegenstand brauchte, der sich in einem anderen Stockwerk befand.

Das erste längere Gespräch zwischen uns ergab sich am Ende meiner Rekonvaleszenzperiode, als er mir die Lebensmittelvorräte, die sanitären Einrichtungen und andere Dinge des täglichen Bedarfs zeigte. Bei dieser Gelegenheit zeigte er mir auch die Grenzen auf, die meiner Bewegungsfreiheit gesetzt waren. Ich durfte gehen, wohin ich wollte, nur die Räume, deren Türen das Zeichen der Hand trugen, waren für mich tabu, denn dort begann sein privater Bereich. Jedes Eindringen würde seinen Unwillen erregen. Dieses Zeichen der Hand war genau, was der Name besagte – der rote Abdruck einer Handfläche mit gespreizten Fingern.

Im gleichen Gespräch machte er mir klar, daß jeder Versuch, den Turm oder das Haus auf irgendeinem Weg zu verlassen, mit Lebensgefahr verbunden wäre; die Stadt und vor allem das alte System von Höhlen und Gängen in ihrem Untergrund waren irgendwie menschenfeindlich, wie es schien. Er ging nicht ins Detail, und ich wußte nicht, von welcher Art die Bedrohung war, aber daß sie real sein mußte, bewies die zugemauerte Eingangstür des Hauses, in dem ich wohnte. Und bald entdeckte ich auf meine Weise, was es damit auf sich hatte.

Meine Suche nach einer Landkarte von der Welt des Grünen

Sterns war trotz wiederholter Nachforschungen in der Bibliothek ergebnislos geblieben, und bald hatte ich auch alle anderen Kammern und Räume des Turms mit Ausnahme des verbotenen Bereichs erforscht. Ich war ratlos.

Eines Tages beschloß ich, die Basis des Turms genauer zu untersuchen. Ich glaube, ich mißachtete Sarchimus' Warnungen als einen Versuch, mich durch abergläubische Angst gefangenzuhalten, aber zum großen Teil war sicherlich der Tatendrang eines ruhelosen und leichtsinnigen Jungen für mein unüberlegtes Handeln verantwortlich. Zu der Zeit war es mir noch nicht gelungen, ein inneres Gleichgewicht zwischen meinen jugendlichen Emotionen und der nüchternen Reife meines Erwachsenenverstands herzustellen.

Unter dem Schutt und dem Staub des Kellerraums mit den Statuen fand ich eine Falltür, hinter der sich die Wendeltreppe fortsetzte. Ich ließ die Luke offen und stieg hinunter, bis ich eine Etage tiefer einen düsteren und modrigen Raum zwischen den Fundamentpfeilern des Turms erreichte. Die Luft hier unten war feucht und von Fäulnisgeruch durchdrungen, der Boden mit Unrat bedeckt und von schleimiggrünen Moosen und Flechten überwachsen, die auch von den Wänden Besitz ergriffen hatten. Große, pilzähnliche Gewächse erhoben sich ringsum, als ich vorsichtig einen höhlenartig ausgehauenen Tunnel betrat — geschwollene und ungesund aussehende, feucht-schleimige Schwämme von enormer Größe.

Als ich noch überlegte, ob ich weiter in dieses düstere Höhlensystem vordringen oder lieber umkehren sollte, wurde mein Knöchel plötzlich mit einem festen Griff umklammert. Ich stieß einen Schreckensschrei aus und suchte mich zu befreien, aber auch das heftigste Zerren und Reißen konnte meinen Fuß nicht aus dem grünen behaarten Fangarm ziehen, der ihn umwickelt hatte.

Zum Glück hatte ich ein Messer bei mir, das ich oben im Haus gefunden und mir angeeignet hatte. Es steckte im Gürtel des lächerlichen halblangen Gewands, das Sarchimus mir gegeben hatte und das ich wegen seiner abstoßenden Lavendelfarbe und der seidigen, weibisch wirkenden Qualität aus tiefstem Herzen verabscheute. Nun riß ich die Klinge heraus und hackte und schnitt in panischer Angst darauf los. Der fleischige Fangarm, der sich immer einger um meinen Fuß zusammengezogen hatte, war rasch durchschnitten, und zu meiner Verblüffung sah ich grünes Blut aus dem durchschnittenen Ding sickern — Saft von einer Pflanze?

Im nächsten Moment hatte ich mich vollends von dem anhängenden Stück des Fangarms befreit, und dann konnte ich meinen seltsamen Angreifer genauer betrachten. Das Ding war im trüben

Halbdunkel nicht gut auszumachen, aber was ich zuerst für eine Schlange gehalten hatte, war tatsächlich kein Tier, sondern eine Form pflanzlichen Lebens. Als es sich auf dem moosigen Boden ringelte und wand und schleimige grüne Flüssigkeit verlor, entdeckte ich noch weitere dieser gefräßigen Wanderranken, die sich unter dem klumpigen Bewuchs der Pilze und Schwämme entrollten und mit tastenden, schlängelnden Bewegungen auf das abgeschnittene Ding zukrochen. Innerhalb weniger Sekunden hatten sie sich um ihren verletzten Gefährten geringelt und saugten ihn wie pflanzliche Vampire aus. Kurz darauf war nur noch eine dünne welke Hülle übrig, weißlich und aller Lebenssäfte entleert.

Ich umging vorsichtig das Gewirr der hungrigen Rankengewächse und bewegte mich langsam weiter. Ich wußte nun, daß Sarchimus' Warnungen einen realen Hintergrund hatten, aber Neugierde und Abenteuerlust trieben mich weiter. Vor mir weitete sich der Höhlengang zu einer größeren Kammer im Holz des Baums, und die wollte ich noch erforschen, bevor ich umkehrte.

Behutsam drückte ich mich an den Kolonien der enormen Pilze und Holzschwämme vorbei, die stellenweise den Durchgang ganz zu versperren drohten, dann weitete sich vor mir ein Höhlenraum von beträchtlicher Ausdehnung, feucht und faulig riechend.

Hier herrschte fast völlige Dunkelheit. Der matte, geisterhafte Lichtschimmer, in dem sich die Umrisse des Raums abzeichneten, schien von den Fäulnisbakterien auszugehen, die hier einen idealen Nährboden finden mußten. Weißliche Pilze mit mannshohen Stielen wuchsen aus dem federnden bleichen Moos, das den morschen Boden überzog, und mächtig überhängende Gesimse von schwärzlichen Schwämmen ragten aus den Wänden.

Ein enormer Körper drängte sich durch den Pilzwald und bewegte sich auf mich zu. Es war eine unförmige Kreatur, ein Ding wie eine gigantische Made, mit mehreren kurzen Beinpaaren am Vorderleib. Sie hatte eine zähe, fettig wirkende Haut von einem bleichen und abstoßenden Gelblichweiß, gefleckt mit grüngrauem Schimmel, wo es Decke oder Wände gestreift hatte. Der Kopf war eine vorquellende stumpfe Masse mit fleischig-runzligen Behängen wie monströse Kohlblätter, und am unteren Ende befanden sich zwei schenkelstarke Paare von zangenartigen Kauwerkzeugen, die in ständiger mahlender Bewegung waren. Das Ungeheuer hatte keine erkennbaren Sinnesorgane, aber als es innehielt und den klobigen Kopfteil pendelnd hin und her schwang, als wolle es sich der Natur des Eindringlings vergewissern, sah ich zwischen den widerwärtig schlenkernden fleischigen Lappen zwei große dunkle Facettenaugen glitzern.

Ich hatte genug und rannte, aber die schwerfällige Riesenmade schnellte sich plötzlich mit dem ganzen Körper vorwärts und war über mir, bevor ich den Höhlengang erreichen konnte. Die runzligen dicken Fleischlappen um ihr Gesicht klatschten und schmatzten wie eklige Lippen, wie deformierte Hände um meinen Körper, und ich sah und fühlte, daß ihre Ränder hornig und rauh wie grobes Sandpapier waren. Während sie meine Haut aufrissen, versuchten sie, meinen Körper durch wellenförmige Bewegungen zu den Kauwerkzeugen zu transportieren, die irgendwo unter dem massigen Kopf unablässig mahlten und knirschten.

Kreischend wie ein Verrückter, zappelte und kämpfte ich gegen diese fleischige Lawine, die mich unter sich zu begraben trachtete. Mein Messer stieß wieder und wieder in die fettige, weiche Fleischmasse, doch ohne ein wichtiges Organ zu treffen. Dann fielen mir die zwischen den fleischigen Falten halb verborgenen Augen ein, und ich holte weiter aus und trieb mein Messer zwei-dreimal durch die schalenartig harte Oberfläche des linken Facettenauges.

Der Riesenholzwurm oder was immer dieses Lebewesen war, reagierte mit einem Aufbäumen des ganzen massigen Vorderleibs, so daß die mechanisch arbeitenden Kauwerkzeuge und Beinpaare nun über mir hin und her pendelten und mich beim Herabsenken unter sich zu begraben drohten. Ich sprang zurück, rutschte aus und fiel ins schleimige Moos, und das Ungeheuer hätte mich zermalmt, wäre nicht in letzter Minute Hilfe gekommen, mich vor den Folgen meiner eigenen Torheit zu retten.

Denn auf einmal durschnitt ein Strahl bläulichweißen elektrischen Feuers das Dunkel. Die Kopfpartie der Riesenmade schwoll auf und explodierte, Hautfetzen und schwammiges Gewebe spritzten umher. In den scharfen Ozongeruch mischte sich ein seltsam saftvoller Duft von gebratenen Pilzen, und als ich in verzweifelter Hast zurückkrabbelte, sah ich das scheußliche Ding sich winden und krümmen, die hinteren beiden Beinpaare hilflos in der Luft rudern, und vorn, wo der Kopf mit den Kauwerkzeugen gewesen war, nur noch ein riesiges, qualmendes, geschwärztes Loch, in dem drei Menschen nebeneinander Platz gefunden hätten.

Ich blickte benommen zu Sarchimus dem Weisen auf, der ruhig und mit ausdrucksloser Miene dastand, seinen blitzschleudernden Kristallstab in der Hand.

Dann muß ich ohnmächtig geworden sein.

Der Magier trug mich wieder hinauf und in Sicherheit, und als wir den Kellerraum mit den Statuen erreichten, hatte ich mich soweit erholt, daß ich wieder auf den Füßen stehen und ihm die Treppe hinauf folgen konnte. Ich fürchtete seinen Zorn, weil ich seine Warnungen mißachtet hatte, aber meine Erwartungen bewahrheiteten sich nicht. Sarchimus war ein Mann, des reinen Intellekts, in dessen Leben für Emotionen wenig oder kein Raum war.

»Nun, Junge«, sagte er ernst, »wirst du die Weisheit meines Rats begreifen. Ich warnte dich nicht, um dich zu täuschen, oder weil ich etwa einer Laune folgte, sondern ich tat es zu deinem eigenen Besten.«

Ich nickte demütig und bat ihn um Verzeihung, und dann versuchte ich zu erklären, daß ich nur aus unbezähmbarer Neugierde seinen Anordnungen zuwider gehandelt hatte.

»Sehr gut; diesmal will ich den Verstoß übersehen. Aber sei in Zukunft vorsichtiger und beachte meine Anweisungen und Warnungen genau, denn sie beruhen auf Kenntnissen und Erfahrungen, von denen du nichts wissen kannst. Die Höhlen und Gänge im Holz unter der Stadt sind das Revier monströser Lebewesen, ebenso die Straßen und Gebäude der Stadt selbst. Du bist mit knapper Not dem Todespilz entgangen, ohne die Gefahr zu kennen, die er für dich bedeutete; hättest du ihn nur gestreift, so hätte er eine Wolke von tödlichen Sporen ausgestoßen, die sich in deiner Lunge und in deinen Atemorganen festgesetzt hätten, um sich von ihnen zu nähren und in ihnen zu wachsen, bis du innerhalb weniger Stunden qualvoll erstickt wärst. Mit den Schlangenalgen hast du bereits Bekanntschaft gemacht — sie sind relativ harmlos, solange man ein Messer bei sich hat. Aber der Salug ist tödlich, und du hättest, nur mit einem Messer bewaffnet, den Angriff niemals überleben können. Er hat keine lebenswichtigen Organe und ist nicht zu töten, es sei denn mit Waffen von der Art meiner Blitzschleuder.«

Ich fragte ihn mit schwacher Stimme nach der Natur des Salug, wie er das Wurmungeheuer genannt hatte, und er erklärte mir, daß es die allesfressende Larve eines Riesenkäfers sei, der sich im angefaulten Holz des alten Höhlensystems unter der Stadt eingenistet habe und dieses System durch seine Larvengänge ständig erweitere. Der Käfer selbst sei in der toten Stadt und den angrenzenden Teilen des Baums häufig anzutreffen und wegen seiner Schnelligkeit und seiner räuberischen Lebensweise sehr gefährlich. Der Käfer und seine Larve seien im übrigen späte Eindringlinge, während der Todespilz, die Schlangenalgen und andere Ungeheuer tierischer und pflanzlicher Art, denen zu begegnen ich mir nicht wünschen solle, die hybriden Produkte der Stadt selbst seien, Resultate einer durcheinandergeratenen Evolution.

Das energetische kristalline Material, aus dem Sotaspra vor mehr als zehntausend Jahren erbaut worden sei, so fuhr er fort, habe die Mechanismen der Stadt viele Jahrhunderte lang mit einem unerschöpflichen Strom von Energie gespeist. Aber die Erbauer der Stadt hätten den Strahlungseffekt, der bei der fortlaufenden Energieabgabe als Nebenprodukt freigesetzt werde, nicht gekannt oder falsch eingeschätzt. Diese Strahlung habe im Laufe der Zeit monströse Mutationen und Hybriden erzeugt, mörderische Lebensformen, die die Stadt allmählich unbewohnbar gemacht und die Angehörigen der alten Rasse ausgerottet hätten. Die Energieabgabe des kristallinen Baumaterials habe zwar längst aufgehört; die mutierten Tiere und Pflanzen existierten natürlich weiter, weshalb die Stadt von allen zivilisierten Rassen der Welt des Grünen Sterns gemieden werde. Nur einige wenige wagemutige Männer wie er selbst hätten sich in der Stadt der Ungeheuer niedergelassen, um ihr die Geheimnisse einer verlorengegangenen Wissenschaft zu entreißen.

Nach diesem aufschlußreichen Vortrag ging Sarchimus und überließ mich meinen eigenen Gedanken. Nun war ich einmal mehr gewarnt, aber das Erlebnis hatte mir wertvolle Informationen eingetragen.

Ich wußte jetzt, daß es unmöglich oder zumindest sehr gefährlich war, wenn ich versuchte, Sarchimus' Haus und den roten Turm zu Fuß zu verlassen.

Und ich hatte gelernt, daß mein Meister über sehr subtile Mittel verfügte, die ihm erlaubten, unbemerkt alles zu überwachen, was im Bereich seines Turms vorging. Denn er mußte durch irgendein System von verborgenen Spiegeln, Kameraaugen oder Abhörgeräten auf meine Lage aufmerksam gemacht worden sein, denn durch Zufall war er sicher nicht in den Keller gekommen.

Ich beschloß, meine Suche fortzusetzen, aber umsichtiger als bisher.

Und schon am nächsten Tag machte ich eine ungeheuerliche Entdeckung.

8. Die Fliegenden

Sarchimus' Auskünfte hatten mir geholfen, die ersten Teile des Puzzlespiels zusammenzusetzen. Aber bevor ich daran weiterbauen und mehr Licht in das Geheimnis dieser Stadt bringen konnte, mußte ich mir Zugang zu den Räumen verschaffen, die mit dem Zeichen der Hand versehen waren.

Und das konnte ich nur wagen, wenn der Magier seinen Turm für einige Zeit verließ.

Wie der Zufall es wollte, ergab die günstige Gelegenheit sich schon am Tag nach meinem Abenteuer im Keller des Turms. Ich war auf dem untersten der drei umlaufenden Balkone, die den Turm in verschiedenen Höhen schmückten, blickte über die verlassene Stadt und den kleinen See und hing meinen Gedanken nach, als ein Schatten über mich fiel. Ich blickte auf und sah den Luftschlitten durch das grüngoldene Tageslicht davonschweben. Sarchimus saß am Steuer. Wohin er wollte, was er vorhatte und wie lange er abwesend sein würde, wußte ich nicht. Aber meine Chance war da.

Und ich nahm sie wahr.

Das Laboratorium interessierte mich nicht besonders, auch den Schlafraum meines Meisters würdigte ich nur eines flüchtigen Blicks. Doch eine weitere rotmarkierte Tür öffnete sich in einen Arbeitsraum, wo Bündel von Pergamentmanuskripten, bedeckt mit rätselhaften Berechnungen, über die Steinplatte eines Tisches verstreut waren. Das war schon besser. Aber es war nichts, verglichen mit dem Geheimnis, das mich ein Stockwerk höher erwartete.

Es war in einem vergleichsweise großen Raum, der die Hälfte der Grundfläche des Turms einnahm und eine Gewölbedecke trug. Das Fenster in der gekrümmten Wand war hinter schweren Vorhängen verborgen, und im Innern herrschte dämmriges Halbdunkel.

Als ich eintrat, hörte ich ein leises Geräusch.

Ich hielt erschrocken inne, lauschte angespannt auf eine Wiederholung des gedämpften Scharrens, das ich gehört zu haben glaubte. Es blieb aus. Vielleicht war es nur in meiner Einbildung gewesen . . .

Das Messer in der schwitzenden braunen Faust, schlich ich auf Zehenspitzen weiter, zog den schweren Vorhang ein wenig zur Seite . . .

. . . der geflügelte Mann starrte mich ernst und unbewegt an.

Ich erschrak. Er sah aus wie eine der Gipsstatuen im Keller – eine, die auf magische Art und Weise zum Leben erwacht war.

Groß und schlank war er, von goldbrauner Hautfarbe und völlig nackt. Der schmale Körper, die überlangen Arme und Beine und der hohe, kammartig zulaufende Schädel waren in erschreckender Weise fremdartig. Fremdartig, doch schön auf seine Art. Er – denn seine Männlichkeit war nicht zu übersehen – hatte große traurige Augen unter der hochgewölbten Stirn seines haarlosen Schädels. Die Augen waren dunkel und feuchtglänzend, mit einem violetten Schimmer, und das fehlende Weiß in ihnen ließ mich an Pferdeaugen denken, aber aus diesen Augen blickte eine sehr menschliche Traurigkeit.

Das für mich bemerkenswerteste Detail waren natürlich seine Flügel. Sie waren auf dem Rücken zusammengefaltet und ragten wie die Flügel einer Fledermaus hoch über seine Schultern. Dünne Knochen trugen die faltige, zähe, dunkelfarbige Flughaut.

Die schmächtige, doch sehr sehnig wirkende Gestalt saß leicht vornübergebeugt auf einem Hocker in einem seltsamen Lichtkäfig. Ein großer offener Würfel aus zwölf Kristallstäben war das Gerüst dieses Käfigs, und von den Gerüststäben gingen zahllose Fäden von glänzendem weißem Licht aus, die einander in geometrischen Mustern kreuzten und die Seiten des Würfels wie mit leuchtenden Spinnweben verkleideten.

Etwas warnte mich, dieses Lichtnetz mit dem Finger zu berühren. Ich hatte meine Hand unwillkürlich danach ausgestreckt, doch zog ich sie rasch zurück. Zugleich hatte ich das seltsame Gefühl, daß der geheimnisvolle geflügelte Mann die Warnung in meinen Verstand projiziert habe.

Der Gedanke war noch nicht klar formuliert, als der Ausdruck in den dunklen Augen die Wahrheit meiner Vermutung bestätigte.

Der geflügelte Mann war ein Telepath.

Vielleicht gab es eine Kommunikationsmöglichkeit, wenn ich mich auf ihn einstellte. Ich versuchte meinen Geist von allen störenden Gedanken freizumachen und eine auf ihn konzentrierte Empfänglichkeit zu erzeugen, damit die Wellen oder Vibrationen des anderen Gehirns in mir einen Resonanzboden fänden. Und nach einer Weile artikulierte sich eine kalte Intelligenz in meinem Gehirn.

›Ich sehe, daß du hier ein Gefangener bist wie ich.‹

Ich errötete, sehr zu meinem Verdruß, und suchte nach Worten, ungewiß, wie ich antworten sollte, als er mir schon zu Hilfe kam.

›Sprich laut, wenn du willst. Ich werde die Bedeutung deiner Worte dann leichter fühlen. Du wirst bemerkt haben, daß wir Kaludhas kein Gehör haben.‹

Der Geflügelte bewegte sich zum ersten Mal. Seine langfingrige und feingliedrige Hand hob sich zur Schläfe, und erst jetzt sah ich, daß er keine Ohren hatte; sein Schädel ging in einer ungebrochenen Linie in das langgezogene Kinn über. Trotzdem wirkte sein Kopf nicht im mindesten deformiert, sondern sah in seiner Art natürlich und schön aus.

»Die – die Kaludhas?« wiederholte ich einfältig.

›Die Kaludhas. Die Fliegenden. Wir gingen den anderen Rassen auf diesem Planet um eine Million Jahre voraus, zerstörten uns jedoch durch unsere eigene Torheit. Ich, Zarqa, bin der letzte meiner Rasse.‹

»Warum hält der Magier dich in diesem Lichtkäfig gefangen?« fragte ich.

Der Geflügelte betrachtete mich mit traurigem Blick.

›Um durch das Mittel der Folter die Geheimnisse meines untergegangenen Volks zu erfahren. Schon hat er es in der Beherrschung der alten Weisheit zum Ersten unter den sieben Weisen gebracht. Und alles durch meine unfreiwillige Hilfe.‹

Endlich kannte ich das Geheimnis Sarchimus' des Weisen! Ein leibhaftiger Überlebender der Rasse, die Sotaspra erbaut hatte, war die Quelle seines Wissens und seiner überlegenen technischen Kenntnisse.

Und ich erfuhr, daß sechs weitere Sucher nach dem verlorenen Wissen mit ihm in der toten Stadt hausten. Ich hatte gewußt, daß es noch andere gab, aber Sarchimus hatte nie auf meine Fragen geantwortet. Wenn ich vom Balkon über die verfallene Stadt geblickt hatte, waren mir des öfteren ein paar Gebäude aufgefallen, die einen intakten Eindruck machten und im Gegensatz zu den toten schwarzen Ruinen ringsum von Farbe überhaucht und lebendigem Licht durchdrungen schienen. Die auffälligsten waren ein weißlich getöntes Kuppelhaus und zwei bläulich schimmernde Türme, und Zarqa nannte mir die Namen ihrer Bewohner: Hoom, Sarpasht und Karuth. Sie gehörten zu Sarchimus' sechs Rivalen, und Hoom, der in einem bei Sonnenlicht wie ein Opal schillernden Turm hauste, schien die bedeutendste Gestalt unter ihnen zu sein. ›Hoom mit den vielen Augen‹ wurde er genannt, und ich erfuhr, daß wenig von dem, was im Bereich der toten Stadt geschah, seiner Aufmerksamkeit entging.

Wie ich Sarchimus' Andeutungen entnommen hatte, besaß das kristalline Baumaterial der Gebäude energiespeichernde Eigenschaften; daraus ließ sich schließen, daß Gebäude, deren lebendige Farben das Vorhandensein von Energie anzeigten, höchstwahrscheinlich bewohnt waren.

Nachdem ich meine anfängliche Scheu überwunden hatte, befragte ich Zarqa ausführlich. Ich wollte wissen, wie er in die Gefangenschaft des Magiers geraten war, und wie es kam, daß er allein noch lebte, während seine Artgenossen seit Jahrtausenden ausgestorben waren. Seine Antwort war, daß die Kaludhas gegen Ende ihrer Epoche eine Methode zur Gewinnung der Unsterblichkeit entwickelt hätten, wodurch sie ihr Fortleben durch alle zukünftigen Zeitalter zu sichern hofften. Dieses Rezept, das Zarqa ›Elixier des Lichts‹ nannte, habe sich jedoch als gefährlich und unzuverlässig erwiesen, denn mit der Zeit habe sich herausgestellt, daß es den Nebeneffekt hatte, die männlichen Mitglieder

der Rasse zu sterilisieren, während es auf die Frauen keinerlei Wirkung hatte. So sei es zum raschen und unerwarteten Aussterben der Rasse gekommen – nicht wegen des Überhandnehmens gefährlicher Mutationen in der Tierwelt durch Strahlung, sondern durch die Sterilität der Männer. Er, Zarqa, sei der letzte Überlebende seiner Art und über achttausend Jahre alt. Bis zur Ankunft des Sarchimus habe er allein mit seinen Erinnerungen zwischen den Ruinen seiner Vaterstadt in diesem Turm gelebt. Sarchimus habe ihn während der Periode seines Sommerschlafs entdeckt, in der er praktisch hilflos sei.

Weitere Fragen enthüllten das Geheimnis der erstaunlichen Statuen im Sockel des Turms. Ein entscheidender Faktor bei der Herstellung des Elixiers sei neben dem richtigen Mischungsverhältnis ein bestimmter seltener Bestandteil, erklärte Zarqa. Fehle er, so komme es statt der ersehnten Unsterblichkeit zu einer rasch fortschreitenden tödlichen Verhärtung der Körpergewebe, die in kürzester Zeit versteinerten. Diejenigen unter den Kaludhas, die so unklug gewesen seien, mit der unvollständigen Formel zu experimentieren, seien so zu Stein geworden.

›Und so wurde ich das elendste von allen lebenden Wesen, der letzte meiner Art, und wenn ich eines Tages durch die Mißhandlungen oder die Nachlässigkeit des Sarchimus zugrunde gehe, dann wird meine ruhmreiche alte Rasse wirklich ausgestorben sein. Aber Sarchimus erhofft für sich selbst ein ähnliches Schicksal, obwohl er es nicht versteht. Er will mir das Rezept für das Elixier des Lichts entreißen, damit er so unsterblich werde wie ich. Bisher widerstand ich seinen Zudringlichkeiten so gut ich konnte, doch seit siebenundsiebzig Tagen verweigert er mir nun schon den Met und die Speisen, von denen ich mich ernähre. Ich bin sehr geschwächt und fürchte, daß ich seinem Drängen nicht mehr lange widerstehen kann.‹

»Wie lange kannst du ohne Nahrung leben?« fragte ich ihn, und er antwortete, daß er das nicht wisse. Er habe aber von einem Kaludh gehört, der einhundert Tage ohne jede Nahrung überlebt hätte, bevor er an Schwäche gestorben sei.

Vor allem schien ihm der Met zu fehlen, dem er verfallen war, wie er mir gestand. Diese Sucht bezeichnete er als einen weiteren Nebeneffekt der Unsterblichkeitsbehandlung, und er erzählte mir von Schicksalsgenossen, die sich Jahrtausende lang nur vom Met ernährt hätten.

›Es würde kein guter Dienst an den Bewohnern dieser Welt sein, ihnen einen unsterblich gemachten Sarchimus zu schenken. Schon hat er mir viele Geheimnisse über Waffen entrissen, und erst vor kurzem mußte ich ihm die Methode preisgeben, wie Automaten vitalisiert und durch Willen gelenkt werden können.

So kann er eine unverwundbare Streitmacht von mechanischen Kriegern aufstellen, um die Baumstädte zu überrennen und alle Völker deiner Art unter seine Herrschaft zu bringen.‹

Das waren keine guten Aussichten, und ich beglückwünschte mich, daß ich Sarchimus' Verbot mißachtet hatte. Hätte ich es nicht gewagt, wäre mir die gefährliche Bedrohung unbekannt geblieben, die Sarchimus für die Welt des Grünen Sterns darstellte.

Als ich Zarqa fragen wollte, was ich für seine Befreiung tun könnte, flüsterte seine Stimme in meinem Gehirn eine Warnung.

›Nun mußt du schnell gehen und in die Räume zurückkehren, wo du dich aufhalten darfst. Ich spüre, daß Sarchimus von seiner Mission zurückkehrt.‹

Ich verabschiedete mich von dem traurig blickenden Kaludh und versprach, ihm zu helfen, wenn ich könnte. Dann ließ ich den Vorhang zufallen und verließ hastig den Raum, in dem Sarchimus den achttausendjährigen geflügelten Mann gefangenhielt.

9. Hoom mit den vielen Augen

Die folgenden beiden Tage beschäftigte Sarchimus sich in seinen Räumen, so daß ich keine Gelegenheit erhielt, den bedauernswerten Zarqa zu besuchen, den ich bemitleidete und in dem ich bereits einen potentiellen Freund und Verbündeten sah. Dafür bestätigte sich, daß Zarqa die Wahrheit gesagt hatte, denn am zweiten Tag führte Sarchimus mir den ersten Roboter vor, dessen Wiederbelebung ihm gelungen war. Es war ein unbeholfenes Ding aus korrodiertem, mühsam blankgeputztem Messing, ungefähr zwei Meter hoch und mit einem leeren Visier statt eines Gesichts. Seine Hände waren mit langen Stacheln bewehrt, und seine gesamte Erscheinung war die einer zum Leben erweckten mittelalterlichen Ritterrüstung. Sarchimus ließ das metallene Monster vor mir auf und ab marschieren, und ich konnte sehen, daß er stolz auf seine Errungenschaft war.

»Ein unbezwingbarer Krieger«, meinte er befriedigt. »Ein, zwei Dutzend von diesen, und jede Streitmacht der Welt wird vor ihnen Reißaus nehmen.«

Ich nickte, aber ich war skeptisch. Das Ding sah sehr schwerfällig aus, und ich konnte mir nicht vorstellen, wie eine Truppe von solchen Robotern auf den Riesenbäumen umherklettern und Höhlenstädte erobern sollte. Aber vielleicht unterschätzte ich die Kampfkraft dieser Dinger und die psychologische Wirkung auf ein abergläubisches Volk ohne technisches Wissen.

Am dritten Tag nach meinem Gespräch mit Zarqa gab es eine unerwartete Unterbrechung meiner Internierung im roten Turm. Es war nicht das erstemal, daß Sarchimus mich auf einen Botengang schickte, aber es war der erste Botengang, der mich ins Freie führte. Ich sollte einen Vorrat von kleinen Energiekristallen holen, die er in einem Keller eines der verlassenen Gebäude der Stadt verborgen hatte. Das betreffende Gebäude war ein verfallenes Kuppelhaus, das er mir vom Balkon aus zeigte und genau beschrieb, so daß ich den Weg nicht verfehlen konnte. Die Kristalle, sagte er, benötige er für die Inbetriebnahme weiterer mechanischer Krieger, die er repariert und zusammengebaut hatte, denn die Kristalle, die er vorrätig habe, seien zu groß und paßten nicht in die Fassungen.

Bevor er mich gehen ließ, legte der Weise mir einen sonderbaren Kragen aus einem durchscheinenden Material um den Hals.

»Nun paß gut auf, Junge«, sagte er ernst. »Ich schicke dich aus, weil ich selbst nicht gehen kann. Die Gehirnspeicherzellen für meine Automaten werden gerade aufgeladen, und ich muß den Prozeß beobachten, damit sie nicht zuviel Ladeenergie aufnehmen und unbrauchbar werden. Aber denke nicht, du könntest die Gelegenheit benutzen, um dich davonzumachen! Dieser Kragen ist elastisch und energetisch. Er enthält einen Empfänger, der auf die Strahlung eines Geräts in meinem Laboratorium eingestellt ist, und einen Impulsumwandler. Du kannst ohne weiteres zu dem bezeichneten Haus gehen, aber sobald du dich weiter von diesem Turm entfernst, wird die abnehmende Strahlungsintensität im Empfänger zur Einschaltung des Umwandlers führen, der sodann ein Zusammenziehen des Kragens bewirken wird. Je weiter du gehst, desto enger wird der Kragen, bis er dich erwürgt. Ist dir das klar?«

Er machte eine Pause und betrachtete mich prüfend. »Und glaube nicht, du könntest den Kragen durchschneiden und weglaufen. Die im Innern des Kragens gespeicherte Energie würde dich töten, sowie das Messer die Isolierung durchschnitte. Hast du mich verstanden?«

Ich nickte und machte ein entmutigtes Gesicht, obwohl ich nichts dergleichen fühlte. Sarchimus konnte es natürlich nicht wissen, aber zu diesem Zeitpunkt lag mir nichts ferner als der Gedanke an Flucht.

»Aber Meister«, sagte ich, »wie soll ich zu dem Kuppelhaus und zurück gehen? Du sagtest, die Straßen und Gebäude der Stadt seien so gefährlich, daß niemand hineingehen könne. Du sagtest, Ungeheuer wie der Salug hielten sich dort auf.«

»Auch daran ist gedacht«, erwiderte Sarchimus und gab mir ein Ding, das wie ein Medaillon aussah. »Befestige das an deinem

Gürtel. Es sendet eine Energiewelle aus, die den tierischen Lebensformen unangenehm ist. Sie werden die Nähe dieses Senders instinktiv meiden. Und nun geh!«

Er begleitete mich auf das Dach des Hauses, hob eine Leiter auf und ließ sie an der Außenwand hinunter. »Wenn du zurückkommst, zieh die Leiter wieder herauf«, sagte er, und dann ging er, während ich die Leiter hinabkletterte.

Haus und Turm lagen an einer Straße, auf der modernder Schutt lag, der von großen Blütenpflanzen überwuchert war. Ihre großen und fleischigen Blütenblätter trugen zahlreiche kreisförmige Saugnäpfe und strömten einen widerwärtig süßen Kadavergeruch aus. Ich wich ihnen vorsichtig aus und atmete erst freier, als ich sie hinter mir hatte.

Ich hatte die Stadt oft vom Turm aus überblickt, aber aus der Nähe wirkten Verfall und Verlassenheit viel trostloser als aus der Entfernung. Die Straßen, die sich zwischen den Ruinen dahinwanden und kreuzten, waren von Schutt übersät und immer wieder von Trümmerhaufen blockiert, die ich überklettern mußte. Üppige Vegetation verhüllte alles wie ein niedriger Dschungel, der von Leben wimmelte. Die radioaktive Strahlung des kristallinen Materials hatte den normalen Gang der Evolution tatsächlich in groteske Bahnen gelenkt, denn auf Schritt und Tritt sah ich phantastische Abarten pflanzlichen und tierischen Lebens, die einen Hieronymus Bosch entzückt haben würden. Seltsame Vögel mit doppelten Flügelpaaren flatterten vor mir auf; Bäume mit Früchten und Blättern wie Blumenkohlstauden neigten sich über bröckelnde Mauerreste; schleichende, räuberische Ungeheuer wie aus den Alpträumen eines mittelalterlichen Teufelsaustreibers flohen bei meiner Annäherung in das Dickicht.

Und so gelangte ich sicher und unbehelligt in das Zentrum der Stadt, das sich um den kleinen Regenwassersee drängte. Die gewaltigen dunklen Massen der zu beiden Seiten der Gabelung aufschießenden Stämme überragten die Stadt wie himmelhohe Klippen, und auch wo der Blick sich ins Freie öffnete, erhoben sich die berghohen Baumriesen dieser Welt. Lichtbalken aus jadefarbenem und goldenem Sonnenlicht fielen durch Laubdächer, die gleich Wolkenbänken im unirdischen Dämmer zu schweben schienen. Hie und da schossen wilde Riesenlibellen wie geflügelte, glitzernde Juwelen hoch über mir durch den Luftraum. Irgendwo in dieser geheimnisvollen und unerforschten Wildnis war die Elfenprinzessin, die ich liebte. Aber ob lebendig oder tot, ob sicher unter ihren Leuten oder gefangen unter ihren Feinden, das wußte ich nicht ...

Ohne Schwierigkeiten kam ich in das Kuppelhaus, fand das

Versteck und füllte meinen Beutel mit den Energiekristallen. Kaum fünf Minuten konnten vergangen sein, als ich wieder auf die Straße trat und mich auf den Heimweg machte. Der Kragen lag fest um meinen Hals, war aber nicht so eng, daß ich ihn als Behinderung empfunden hätte.

Als ich langsam den ansteigenden Weg hinaufging, erschien plötzlich ein Fremder an meiner Seite. Er war ein freundlich blikkender, fettleibiger Mann, bekleidet mit einem Gewand, das aus Metallfäden gewirkt zu sein schien und bei jeder Bewegung in allen Farben des Regenbogens schimmerte. Dicke Männer sind unter den Laonesen selten, denn sie sind eher eine schmächtige, zierliche Rasse. Nichtsdestoweniger war der Fremde mit seinem dicken Bauch, dem Doppelkinn und den fleischigen Hängebacken ein Laonese, wie seine bernsteinfarbene Haut und seine lispelnde Sprache verrieten. Er war kahl, ein freundlicher, zufrieden lächelnder Buddha mit einem feisten Lächeln, aber dieses Lächeln reichte nicht bis in seine Augen, die kalt und schlau und berechnend waren, schwarze Obsidiansplitter zwischen schweren Lidern.

»Bist du nicht der Junge, der Sarchimus vom roten Turm dient?« fragte er mit seiner angenehm leisen Stimme.

Ich nickte. Nach Zarqas Beschreibungen glaubte ich zu wissen, wer er war.

»Der bin ich; und du wirst Hoom mit den vielen Augen sein, der Erzrivale meines Meisters.« Meine Antwort überraschte ihn sichtlich; er zwinkerte verdutzt, dann schmunzelte er.

»So ein wacher Verstand!« sagte er bewundernd. »Mein lieber Kollege scheint einen guten Griff getan zu haben, als er dich zu seinem Assistenten machte! Aber ich versichere dir, mein junger Freund, daß der ehrenwerte und von mir hochgeschätzte Sarchimus und ich lediglich in beruflichem Wettbewerb stehen. Unsere Rivalität, wenn man es so nennen will, ist frei von persönlichem Groll.«

»Das mag sein«, sagte ich unbehaglich. »Mein Meister wird sicherlich froh sein, davon zu hören. Aber er erwartet mich und ich darf mich nicht zu lange in der Stadt aufhalten. Was willst du von mir?«

»Ich möchte dir zu Dienste sein, mein junger Freund«, sagte er lächelnd. Und ein Unterton von Mitleid war in seiner Stimme, als er fortfuhr: »Denn ich bin im Besitz gewisser Informationen, die von größtem Wert für dich sind, weil sie deine persönliche Sicherheit betreffen.«

»Was soll das heißen?«

»Mein armer junger Freund, du hältst mich für deinen Feind und Sarchimus für deinen Freund und Wohltäter.« Er seufzte.

»Erlaube mir, dir zu sagen, daß es sich in Wahrheit umgekehrt verhält.« Er warf mir einen verschmitzten Blick zu. Zweifellos hatte er bemerkt, daß ich auf der Hut war und gehen wollte.

»Ich weiß etwas, was du nicht weißt«, sagte er bedeutungsvoll. »Den Grund, warum dein Meister dich rettete und bei sich aufgenommen hat.«

Ich war bestürzt. Wie klug hatte dieser Hoom mich und meine Lage durchschaut! Genau dies war die Information, die mir fehlte; und etwas, über das ich oft Mutmaßungen angestellt hatte.

»Und welcher Grund wäre das?« fragte ich.

Er lächelte mich an, ganz strahlendes Wohlwollen.

»Leider, mein Junge, bist du in die Hände eines unbarmherzigen und unmenschlichen Meisters gefallen!« sagte er, bekümmert den Kopf schüttelnd. »Dein Meister experimentiert mit einer gewagten Arznei, das Elixier des Lichts genannt, deren Nebenwirkungen ebenso gefährlich wie unberechenbar sind. Drei Gefangene in seinem Turm haben während seiner Experimente bereits ein jähes und vorzeitiges Ende gefunden; und nun hat der grausame und egozentrische Sarchimus eine endgültige Rezeptformel gefunden, die er im Laufe der nächsten Tage an dir ausprobieren möchte. Er hat dich zur rechten Zeit gefunden, denn er war bei seiner letzten Versuchsperson angelangt, als er dich durch Zufall vor dem Stachel eines Skorpions retten konnte. Solltest du unglücklicherweise den unbekannten Nebenwirkungen seines Elixiers erliegen, wird ihm nur noch ein gewisser Abenteurer aus der Juwelenstadt Phaolon bleiben, der von längerer Zeit in seine Hände fiel und ihm schon einmal als Versuchsperson dienen mußte. Dem Vernehmen nach dauerte es ein halbes Jahr, bis der Unglückliche halbwegs wieder hergestellt war.«

Ein Prickeln der Erregung durchlief meinen Körper. Wer mochte das sein, den der Magier gefangenhielt? Wenn Hoom die Wahrheit sagte und ein Bewohner Phaolons irgendwo in einer Kammer des roten Turms gefangengehalten wurde, dann konnte dieser Mann mir vielleicht den Weg weisen!

Ich reckte meine schmächtige Gestalt und sah dem Dicken furchtlos ins Auge.

»Ich glaube, du lügst, Hoom«, sagte ich mit fester Stimme. »Ich habe den Turm meines Meisters vom Keller bis zur Spitze durchsucht und keine menschlichen Gefangenen entdeckt.«

Er schüttelte traurig seufzend seinen Kopf, tief bekümmert über mein Mißtrauen.

»Dein Verdacht ist unbegründet, junger Freund, und ich bedaure von Herzen, daß du mich für einen Lügner hältst. Du wirst den letzten einer Gruppe von Forschern aus Phaolon im siebten Stockwerk von Sarchimus' Turm finden, in einer schalldichten

Kammer, die halb in die Außenmauer eingelassen ist. Sie ist mit einem Symbol markiert und kann folgendermaßen geöffnet werden ...«

Ich hörte ihm aufmerksam zu, bereit, ihm zu vertrauen, sollte mein Verdacht sich als unbegründet erweisen. Die bloße Tatsache, das er vom Elixier des Lichts und seiner gefährlichen Unberechenbarkeit wußte, war geeignet, mich zu überzeugen. Aber seine Motive blieben unklar. Warum warnte er mich vor der Gefahr, die mir drohte? Ich fragte ihn geradeheraus.

»Mitgefühl, nichts als Mitgefühl, mein Junge, treibt mich zu diesem Akt der Nächstenliebe! Aber mein Mitgefühl geht noch weiter, und ich bin bereit, dir zu helfen, aus der Sklaverei dieses grausamen und schlauen Ungeheuers zu entkommen, dessen Selbstsucht hinter der Fassade von Menschenfreundlichkeit lauert. Aber ich fürchte, es wird keine Sicherheit für dich geben, mein liebes Kind, bis den skrupellosen Sarchimus endlich seine verdiente Strafe ereilt ...«

»Mit anderen Worten, du schlägst mir vor, daß ich denjenigen töte, der mir das Leben gerettet hat?« fragte ich.

Er beklagte meinen Zynismus, lobte aber meine rasche Auffassungsgabe.

»Ein passendes Ende«, bemerkte er. »Verraten von jemand, den er selbst verraten würde!«

Ich überdachte die Situation und sagte schließlich: »Nun, es ist wahr, daß ich aus dem Turm fliehen möchte. Aber ich brauche eine Karte von diesem Teil der Welt, auf der die umliegenden Siedlungen und Städte eingetragen sind, und ein schnelles Transportmittel — vielleicht eine gesattelte Reitlibelle ...«

Hoom zog lächelnd eine schmale Pergamentrolle aus seinem Gewand. »Ich habe deinen Wunsch vorausgesehen,« schnaufte er. »Nicht umsonst werde ich ›Hoom mit den vielen Augen‹ genannt; ich habe deine fruchtlose Durchsuchung der Bibliothek beobachtet und gefolgert, daß du eine Orientierungshilfe suchst. Was das Transportmittel angeht, so steht bereits eins zur Verfügung, das schneller und ausdauernder ist als jede Reitlibelle. Ich meine das Luftfahrzeug, das mittels magnetischer Energie bewegt wird.«

»Den Luftschlitten? Aber ich weiß nicht, wie er gesteuert wird!«

»Auch das habe ich vorausgesehen. Dieser Plan enthält klare Instruktionen für den Betrieb des Fahrzeugs.«

»Und was ist dein Preis für diese Geschenke?« fragte ich.

Er hob die dicken Schultern und breitete seine rundlichen Hände aus.

»Sarchimus' Tod. Zu lange hat er mit Hilfe seiner überlegenen

Errungenschaften den Herrn über uns geringere Adepten der alten Geheimwissenschaft gespielt. Mit seinem Abgang kann der würdigste und gebildetste seiner Kollegen hoffen, seine Geheimnisse zu erben.«

Ich lachte. »Damit meinst du dich selbst, nicht wahr?«

Er lachte selbstzufrieden, aber er leugnete es nicht.

»Nun, ich werde diesen Plan gern annehmen — als ein Geschenk, nicht als ein Bestechungshonorar«, sagte ich schließlich. »Was meinen Meister angeht, so werde ich tun, was getan werden muß, um mich zu schützen; mehr als das kann ich nicht versprechen.«

»Mehr ist nicht nötig«, sagte Hoom mit den vielen Augen. »Denn ein Junge von deiner Intelligenz ist zweifellos schon längst durch Nachdenken zu der Einsicht gekommen, daß Flucht erst dann Sicherheit verheißt, wenn derjenige, der die Verfolgung aufnehmen würde, unfähig ist, es zu tun.«

Ich nickte und nahm die Pergamentrolle an mich. Aber insgeheim war ich entschlossen, daß ich einfach Zarqa befreien und mit dem Luftschlitten fliehen würde, statt kaltblütig denjenigen zu ermorden, der mich immerhin vom sicheren Tod gerettet und gesund gepflegt hatte. Da es nur ein derartiges Fahrzeug gab, würde Sarchimus mich nicht verfolgen können, und meine Sicherheit wäre ungefährdet.

Ich kehrte mit den Kristallen zum roten Turm zurück, beschäftigt mit Plänen und Mutmaßungen. Zuerst galt es festzustellen, ob Hooms Behauptung, es gebe einen Gefangenen aus Phaolon im Turm, zutreffend war. Seine Auffindung war der erste Punkt in meinem Programm; Flucht und Freiheit der nächste.

10. Janchan von Phaolon

Schon am folgenden Tag ergab sich die Gelegenheit, auf die ich wartete. Sarchimus war damit beschäftigt, die aufgeladenen Speicherzellen und Energiekristalle einzusetzen und seine ersten kompletten Roboter in allen denkbaren Bewegungsabläufen zu testen. Ich half ihm dabei, und da es ständig etwas zu holen oder fortzubringen gab, konnte ich mich relativ frei und unbeobachtet bewegen. Als ich Sarchimus in die Innereien eines fehlerhaft funktionierenden Roboters vertieft wußte, nahm ich meine Chance wahr, stieg ins siebte Stockwerk hinauf und entdeckte hinter einem Wandteppich, was Hoom mir beschrieben hatte: eine schmale Tür, eingelassen in die Wand, darin ein Guckloch und ein kleines Sprachrohr. Ich spähte durch das Guckloch.

Ein bleicher, hohlwangiger Mann mit ungeschnittenem Haar lag auf einem Diwan in der engen Zelle, die Hände hinter dem Kopf verschränkt, und starrte zur Decke auf. Er trug einen schmutzigen und zerrissenen Überrock mit Goldstickerei und Edelsteinen, an dem ich ihn sofort als einen Höfling aus Phaolon erkannte. Allerdings war er keiner von denen, die ich in meiner früheren Inkarnation am Hof der Prinzessin Niamh kennengelernt hatte.

»He, Freund«, sagte ich leise in das Sprachrohr. »Kannst du mich hören?«

Der Mann richtete sich auf und blickte verwirrt umher, als hätte mein Anruf ihn aus seinen Träumereien gerissen. Er war ein zierlich gebauter, kaum mittelgroßer Laonese von unbestimmbarem Alter.

»Keine Angst«, sagte ich hastig. »Ich bin nicht Sarchimus, sondern ein Gefangener wie du. Mein Name ist Karn der Jäger, und ich bin der Sohn Athgars vom Stamm der Roten Drachen.«

»Ich kann dich nicht sehen«, erwiderte der andere, »aber ich grüße dich in Kameradschaft, mein Mitgefangener. Ich bin Janchan von Phaolon, aus dem Haus Ptolnim.«

»Wie bist du in diese Lage geraten?« fragte ich.

»Die Prinzessin von Phaolon verschwand auf einem Jagdausflug«, sagte er. »Es heißt, sie sei abgestürzt, als sie von einer Baumechse angegriffen wurde, aber niemand weiß genau, ob sie den Tod gefunden hat oder am Leben ist. Mit ihr verschwand der mächtige Chong, ein berühmter Held, und das gab uns Hoffnung. Ich und meine Freunde von ihrem Hof in Phaolon machten uns auf die Suche nach der Prinzessin, doch unsere Expedition stand unter einem schlechten Stern. Wir suchten viele Tage, ohne eine Spur zu finden, und mehrere von uns fielen den Gefahren der Wildnis zum Opfer. Wir, die überlebten, wurden von diesem niederträchtigen Zauberer gefangen, der unsere Sinne betäubte und hierherbrachte. Nun sind wir schon lange hier, und in dieser Zeit sind meine tapferen Kameraden einer nach dem anderen verschwunden, und ich selbst wurde mit einem Zaubertrank vergiftet und kam nur wie durch ein Wunder mit dem Leben davon. Ich fürchte, daß ich allein übriggeblieben bin.«

Mit knappen Worten informierte ich ihn über Sarchimus' mutmaßliche Motive und das wahrscheinliche Schicksal seiner vermißten Kameraden. Auch unterrichtete ich ihn über meine Fluchtpläne, aber als ich die Tür seiner Zelle untersuchte, fand ich weder Riegel noch Schloß und konnte nicht herausbringen, wie sie zu öffnen war. Schließlich gab ich auf, verabschiedete mich hastig von Janchan und sagte ihm, daß ich wiederkommen würde, sobald die Umstände es erlaubten.

Zu meinem Meister zurückgekehrt, erfuhr ich, daß es bei der Einstimmung seiner Willensimpulse auf die Speicherzellen der Roboter Übermittlungsschwierigkeiten und Mißverständnisse gab. Sarchimus meinte, er werde diesen und den halben nächsten Tag mit weiteren Erprobungen zu tun haben, und entließ mich mit der Weisung, ihn ungestört zu lassen.

Statt in mein Quartier zu gehen, schlich ich die Treppe hinauf und in den verbotenen Raum, wo Zarqa in seinem Energiekäfig ausharrte. Es war riskant, weil ich nicht wußte, wie vollkommen Sarchimus' Überwachung war, doch ich vertraute darauf, daß er ganz auf seine Arbeit konzentriert sein würde, während ich den Geflügelten besuchte.

Ich fand ihn genauso wie bei meinem früheren Besuch und beeilte mich, ihn über den Gang der Ereignisse zu unterrichten. Er war nicht erstaunt, als ich ihm von Hooms Warnungen erzählte, und gab bekümmert zu, er habe bereits vermutet, daß der Magier mich gefangen und aufgepäppelt habe, damit ich ihm als Versuchskaninchen diene. Und obwohl er, Zarqa, trotz aller Qualen bisher standhaft geblieben sei und nichts verraten habe, sei etwas von dem Rezept für das Elixier Sarchimus bekannt. Er kenne die Bestandteile — alle bis auf einen —, doch die Mischungsverhältnisse sowie die Dauer und die Reihenfolge des Mischungsprozesses kenne er nicht, und so seien seine Anstrengungen zum Scheitern verurteilt.

Zarqa war nicht in der Lage, mir bei der Ausführung meines Fluchtplans zu helfen. Er konnte den Energiekäfig nicht verlassen noch beeinflussen, denn der Ein- und Ausschaltmechanismus war auf Sarchimus' Persönlichkeit eingestellt und konnte nur vom Magier selbst bedient werden. Auch konnte Zarqa mir keinen Rat geben, wie die Befreiung des Mannes aus Phaolon zu bewerkstelligen wäre, dessen Zelle wahrscheinlich in einer ähnlichen Art und Weise gesichert war. Nach diesen entmutigenden Auskünften verließ ich den geflügelten Mann mit dem Versprechen, nicht zu fliehen, bevor ich nicht meinen Gefährten im Unglück geholfen haben würde, gemeinsam mit mir zu entkommen. Aber wie mir das gelingen sollte, blieb offen.

Am Abend des nächsten Tags überraschte mein Meister mich durch ungewohnte Liebenswürdigkeit. Er lud mich ein, seine Abendmahlzeit mit ihm zu teilen, um gemeinsam das Gelingen seines Werks zu feiern. Da er im allgemeinen keinen Wert auf meine Gesellschaft legte und mich noch nie in seine persönlichen Wohnräume eingeladen hatte, nahm ich seine Einladung dankbar an; denn dies mochte ein Beweis sein, daß er nicht der nichtswürdige Schurke war, als den Hoom ihn hingestellt hatte.

Sarchimus' Speisezimmer war nicht vielmehr als eine Kammer, aber für die bescheidenen Wohnverhältnisse in den übrigen Bereichen des Turms prächtig ausgestattet. Gelbe, mit Silber durchwirkte Vorhänge verhüllten die Wände, und ihr metallischer Schimmer korrespondierte unheimlich mit den seltsamen quecksilberfarbenen Augen des Magiers. Mein Meister trug ein weiches, purpurrotes Gewand und hatte seine gewohnte distanzierte kühle Haltung abgelegt. Er gab sich freundlich und interessiert, und während wir auf zwei Diwanen an einem mit seltenen Delikatessen beladenen niedrigen Tisch ruhten, befragte er mich ausführlich über mein früheres Leben in der Wildnis und interessierte sich sogar für so unwichtige Dinge wie meine Kinderkrankheiten und den allgemeinen Gesundheitszustand meiner Eltern.

Ich fand dieses Gesprächsthema ungewöhnlich, schrieb dies aber seinem einsiedlerischen Leben zu, das keine gesellschaftlichen Kontakte kannte und ihn vielleicht ein wenig wunderlich gemacht hatte.

Die Speisen waren köstlich gewürzt und ausgezeichnet zubereitet, ganz anders als die eher fade und auf die Dauer eintönige Kost aus den konservierten Vorräten, und als ich Sarchimus danach fragte, gestand er mir, daß er eine Vorliebe fürs Kochen habe und keine Mühe scheue, wenn es gelte, die nötigen Zutaten herbeizuschaffen. Zum Essen gab es einen säuerlichen, aber wohlschmeckenden Weißwein, und nachdem mein Meister mich schließlich mit Früchten und Gebäck bewirtet hatte, lud er mich ein, von einem seltenen Kräuterlikör zu kosten, den er abgeblich selbst destilliert und gebrannt hatte. Er füllte meinen Becher zur Hälfte mit einem grünen Gebräu, von dem ich vorsichtig nippte. Ich fand das Getränk etwas bitter, aber stark und angenehm aromatisch, und so leerte ich den Becher bis zur Neige.

Ein betäubendes Gefühl breitete sich in mir aus, meine Arme und Beine wurden bleischwer, der leere Becher entfiel meinen gefühllosen Fingern.

»Was . . . ?« keuchte ich. Der Magier betrachtete mich mit ausdruckslosem Lächeln. Ich versuchte, wieder auf die Beine zu kommen, fand mich aber wie mit unsichtbaren Ketten an den Diwan gefesselt. Einen Moment später konnte ich nicht einmal mehr sprechen. Ich lag hilflos, aber bei vollem Bewußtsein, und starrte ängstlich und erschrocken zu Sarchimus auf.

Er stand auf, kam um den Tisch herum und beugte sich über mich. Während er mich beobachtete, holte er unvermittelt aus und gab mir eine schallende Ohrfeige. Der plötzliche Schmerz, der sich in meinen Augen spiegelte, schien ihn zu befriedigen, denn er nickte lächelnd und richtete sich auf.

»Ausgezeichnet! Die Droge hat völlige Paralyse bewirkt, ohne das Bewußtsein zu beeinträchtigen, und das Schmerzempfinden ist nicht merklich herabgesetzt. Nun ist endlich der Augenblick gekommen, auf den ich gewartet habe!«

Er hob mich auf und trug mich in sein Laboratorium, wo er mich auf den Boden legte, direkt in den Lichtkreis einer Hängelampe. Ich war jedes Worts und jeder Bewegung unfähig, hilflos wie ein neugeborenes Kind, als er mich entkleidete und meine Hand- und Fußgelenke an im Boden eingelassene Metallringe fesselte, so daß ich ausgestreckt und mit gespreizten Armen und Beinen auf dem Rücken lag. Ich verstand nicht, warum er sich diese Mühe machte, denn ich war von der Droge völlig gelähmt und konnte nicht einmal den kleinen Finger rühren.

Als er damit fertig war, trat er an einen der Tische und begann eine klare Flüssigkeit abzufüllen, die wie von einem inneren Licht zu funkeln schien. Diese chemische Mischung oder was es war, sah hell wie Wasser aus, war aber dickflüssig wie Öl und schien erfüllt von winzigen glitzernden Lichtstäubchen. Mit einem Gefühl jäher Verzweiflung und Hoffnungslosigkeit erriet ich ihre Natur — und mein Schicksal, vor dem ich gewarnt worden war.

Als er die Flüssigkeit in ein Meßglas rinnen ließ, sagte Sarchimus mit ruhiger Beiläufigkeit, die von seiner inneren Erregung Lügen gestraft wurde: »Seit langer Zeit habe ich an der Vervollkommnung dieses Mittels gearbeitet, welches das Elixier des Lichts genannt wird. Die exakte Formel der Mischung konnte ich trotz eifriger Nachforschungen nicht entdecken, aber ich habe die wesentlichen Bestandteile ausfindig gemacht. Viele verschiedene Mischungen habe ich ausprobiert, und alle erwiesen sich als fehlerhaft oder unvollständig. Doch heute hat das Wesen, dessen Verstand die richtige Formel enthält, mir die genaue Zusammensetzung verraten, und das unsterbliche Leben ist für mich in Reichweite.«

Entsetzen und abergläubische Furcht durchbebten meinen Körper, aber ich konnte mich nicht bewegen. Ich konnte nichts tun, als hilflos dazuliegen, angstvoll seine Vorbereitungen zu beobachten und seiner heiteren und selbstzufriedenen Stimme zuzuhören.

»Ich weiß nicht, warum ich dir das alles erzähle«, sagte er mit unsicherem Lachen. »Von einem ungebildeten Wilden kann man kaum erwarten, daß er die Geheimnisse der transzendentalen Chemie versteht, aber ich bin nicht so dumm, daß ich meinem Gefangenen vertraue. Zuerst werde ich die Mischung an dir versuchen, und wenn du keine Schäden davonträgst — und nur denn —, werde ich das Elixier an mir selbst versuchen . . .«

Er füllte das Zeug in einen Becher und kam zu mir. Dann

kniete er neben mir nieder, hob meinen Kopf und zwang mich, die Flüssigkeit zu schlucken.

Der motorische Teil meines Nervensystems war hoffnungslos paralysiert, aber der vegetative Teil war von der Droge, die er in den Likör getan hatte, unbeeinflußt geblieben. Wäre es anders gewesen, hätten Herz und Lunge versagt und ich wäre gestorben. Und Schlucken gehört leider auch zu den unwillkürlichen Funktionen.

Das Elixier schmeckte nach nichts, aber es war eiskalt, und die Kälte schien sich vom Magen durch meinen ganzen Körper auszuarbeiten, bis ich das Gefühl hatte, zu einem Eisblock zu gefrieren.

Ich lag und wartete auf den Tod — den schnellen durch Vergiftung, oder den langsamen, der zur Versteinerung führte.

Sarchimus saß über mich gebeugt, das Gesicht blaß und gespannt, schwitzend vor unterdrückter Erregung.

Ich weiß nicht, wie lange dieser Zustand andauerte, aber irgendwann bemerkte ich, daß die tödliche Kälte in mir von zunehmender Wärme abgelöst wurde. Eine wunderbare neue Kraft durchströmte mich, und das Feuer des Lebens flackerte auf und erfüllte mich bis in die letzten Fasern meines Wesens mit frischer Energie. Die erwartungsvolle Spannung in Sarchimus' Zügen wich und machte einen Ausdruck ungläubiger Freude Platz.

Mein Atem ging schneller, meine Brust hob und senkte sich; ich fühlte die Kraft in mir wachsen, und im nächsten Moment war ich frei von der lähmenden Wirkung der Droge und zerrte wütend an meinen Fesseln. Doch wenn ich in diesen wunderbaren Augenblicken auch das Gefühl hatte, die Stärke von drei Männern zu besitzen, so war es entweder Selbsttäuschung, oder Sarchimus hatte mit diesem Aufbäumen gerechnet und Vorsorge getroffen. All meine Kraft wurde an seinen Fesseln zuschanden.

Begeisterung strahlte aus Sarchimus' sonst so unbewegtem Gesicht. Er nahm den Becher und füllte ihn aus dem Meßglas, dann hob er ihn wie in Ekstase mit zitternden Händen und trank die funkelnde Flüssigkeit gierig in sich hinein ...

Teil III

Das Buch von Zarqa dem Tausendjährigen

11. *Das Elixier des Lichts*

Ich lag schwitzend und keuchend in meinen Fesseln, hilflos unter dem grellen Licht der Lampe, und starrte zu dem Weisen auf, der triumphierend und siegesbewußt vor mir stand, den geleerten Becher in der Hand. Hoom hatte wahr gesprochen, und auch Zarqa hatte die Situation und ihre Gefahr richtig erkannt. Ohne es zu wissen und ohne es zu wollen, hatte ich den Geburtshelfer eines tyrannischen Übermenschen gespielt, dessen ungebremste Karriere ihn zum Herren dieses Planeten machen würde.

Durch meine wirre Mähne beobachtete ich in ohnmächtiger Erbitterung das Gesicht des Magiers, um die Wirkung des Elixiers in ihm aufflammen und ihn verwandeln zu sehen, wie sie mich verwandelt hatte.

Doch statt dessen sah ich seine Züge zu einer Maske des Entsetzens erstarren!

Sarchimus' Mund verzerrte sich, der Becher fiel ihm aus der Hand, er wankte und suchte am Laboratoriumstisch Halt.

Und dann, als seine Finger mit der Tischplatte in Berührung kamen, hörte ich ein höchst sonderbares Geräusch in der Stille.

Ein Scheuern wie von Stein auf Holz.

Seine Augen richteten sich in ungläubigem Schrecken auf seine rechte Hand. Denn die Berührung der bloßen Haut mit der hölzernen Tischplatte hatte dieses merkwürdige Geräusch verursacht.

Ich betrachtete seine Hand, die er sich vors Gesicht hielt und in stummem Entsetzen anstarrte, und ich verstand, was in diesen Augenblicken in ihm vorgehen mußte. Denn während ich noch hinsah, verblich der bräunlich überhauchte Elfenbeinton seiner Hautfarbe und wurde, von den Fingerspitzen ausgehend, allmählich zum toten, glanzlosen Weiß wie von Gips.

Innerhalb einer Minute war seine ganze Hand ein totes Ding aus weißem Stein, leblos wie ein kalter Felsbrocken.

Er wankte stöhnend durch das Laboratorium, taumelte gegen

die Tische, fegte Geräte und Glasbehälter herunter, heulte und röchelte, kreischte Verwünschungen und Blasphemien gegen alle Götter und die erbarmungslosen Mächte des Schicksals.

Die Versteifung und beginnende Versteinerung hatte inzwischen auch sein rechtes Bein erfaßt. Es wurde zum toten Gewicht, das er humpelnd und mit Gepolter nachzog, als er in panischer Angst sinnlos hierhin und dorthin torkelte.

Seine wild aufbegehrenden Schreie und Flüche wurden zu einem heiseren Röcheln, und seine sich verhärtenden Glieder konnten das zunehmende Gewicht des eigenen Körpers nicht mehr tragen. Er stürzte krachend zu Boden, kroch schluchzend und von schrecklichen Zuckungen geschüttelt weiter herum, bis seine Bewegungen unter der fortschreitenden Versteinerung erlahmten, sein Stöhnen und krampfhaftes Keuchen schwächer wurden.

Schließlich lebten nur noch seine verzweifelten Augen in einem Gesicht aus totem Stein . . .

Die Lampe erlosch, und ich lag in völliger Dunkelheit. Finsternis und Stille erfüllten den roten Turm. Nackt und hilflos an den Boden gekettet, blieb mir nichts übrig als auf den Tod zu warten.

Aber er verschonte mich. Irgendein Faktor verhinderte, daß Sarchimus' Elixier meinen Körper versteinerte. Lag es vielleicht daran, daß die lähmende Droge, die er mir eingeflößt hatte, dem Elixier widerstand, oder es neutralisierte? Oder waren es Spuren des Skorpiongifts, die noch in meinem Körper waren?

Ich hatte keine Ahnung, woran es lag; ich wußte nur, daß ich weiterleben wollte.

Stunden vergingen, während ich allein in der Dunkelheit lag und dem Pochen meines Herzens lauschte. Die Stille um mich her war betäubend.

Wenn nichts passierte, würde ich hier liegen, bis ich verhungerte. Und was konnte passieren?

Ich mußte an den scheußlichen Salug denken, der in den Höhlen und Gängen unter dem roten Turm lebte, an die anderen großen und kleinen Monster, die in der toten Stadt ihrer räuberischen Lebensweise nachgingen. Alle diese mörderischen Mutationen waren nur durch die Kräfte in Schach gehalten worden, die Sarchimus der Weise beherrscht hatte . . .

Aber Sarchimus war tot.

Das Licht im Turm war ausgegangen, weil die Energiequellen, die es nährten, auf die Persönlichkeit des toten Magiers eingestellt gewesen waren, der irgendwo in der undurchdringlichen Dunkelheit hinter mir lag, ein lebloser Steinklotz.

Die Energiequellen des Turms waren mit Sarchimus' Tod erloschen. Und mit ihrem Erlöschen waren alle Barrieren gegen das Eindringen unerwünschter Lebensformen gefallen.

Ich fragte mich, wie lange es dauern würde, bis die kriechenden, laufenden und fliegenden Bewohner dieses Infernos merkten, daß die Strahlungsbarrieren mit ihren abschreckenden Impulsen zu bestehen aufgehört hatten. Und wie lange mochten sie brauchen, um in die oberen Stockwerke vorzudringen? Würde es eine Sache von Stunden sein, bis sie hier hereingekrochen kämen, um in der Dunkelheit meinen Körper anzufressen oder auszusaugen? Oder von Tagen — oder Wochen?

So oder so, ich war wehrlos.

Der Gedanke war ekelhaft, aber ich konnte ihn nicht verdrängen. Meine Fantasie hatte sich des Gegenstands bemächtigt, und nun arbeitete sie weiter und ließ sich nicht mehr ablenken.

Und so lag ich da, nackt in der Dunkelheit und der entsetzlichen Stille, und malte mir die verschiedensten Todesarten aus.

Schließlich schlief ich doch ein. Die gesunde Natur meines jungen Körpers ließ sich auch durch die Schreckensvisionen des Geistes nicht daran hindern, zu ihrer nötigen Ruhepause zu kommen.

Ich hatte keine Ahnung, wieviel Zeit verstrichen war, aber plötzlich war ich hellwach, lag angespannt und bewegungslos in der Finsternis und strengte mein Gehör an, um eine Wiederholung des schwachen Geräuschs zu hören, das mich aus dem Schlaf gerissen hatte.

Da war es wieder! — Ein leises, verstohlenes Knarren und Rascheln. Ich spürte, wie sich mir die Haare sträubten, während ich den Atem anhielt. Gleich darauf hörte ich das Geräusch wieder. Es war ein entferntes Scharren oder Rascheln, als ob irgendein langsames, schwerfälliges Tier die enge Wendeltreppe heraufkäme und dabei an den Mauern entlangstreifte.

Sofort hatte ich das Bild eines widerwärtigen Salug vor mir, der seinen riesigen Wurmkörper schwerfällig die Wendeltreppe heraufschob und seinen gedunsenen, mit fleischigen Lappen behangenen Kopf in der Dunkelheit hin und her wendete, um die Witterung des warmen menschlichen Körpers aufzunehmen ...

Meines Körpers.

Nur zu gut erinnerte ich mich, daß die Tür zum Laboratorium offen stand. Sarchimus hatte sie nicht geschlossen, als er mich hereingetragen hatte. Keine Barrieren, kein Hindernis stellte sich dem entgegen, was sich dort draußen träge aber unaufhaltsam näherbewegte.

Nun war das Scharren und Rascheln in diesem Raum! Ich konnte sein Atmen in der Dunkelheit bei der Tür hören.

Der Boden knarrte.

Etwas kam durch die Finsternis auf mich zu.

Es stand nicht aufrecht wie ein Mensch, sondern kroch auf dem Bauch, wie irgendeins von diesen unsäglichen Geschöpfen aus dem Untergrund der Stadt.

Stein polterte und scharrte auf dem Holz des Bodens, als das Ding auf Sarchimus' versteinerten Leichnam stieß.

Ich hielt den Atem an, befeuert von der verzweifelten Hoffnung, es würde mich vielleicht übersehen.

Aber sicherlich konnte es in der hallenden Stille das Trommeln meines rasenden Herzens hören!

Eine lange, quälende Pause folgte — eine Ewigkeit atemloser Spannung und Angst.

Wieder hörte ich ein Schleifen und Scharren.

Ein keuchendes Atmen ganz in der Nähe. Das Ding war nur noch einen oder zwei Schritte von mir entfernt.

Mein Körper versteifte sich unwillkürlich in der Erwartung des Unvermeidlichen. Wenn ich wenigstens auf den Beinen stehen und mich wehren könnte, und sei es mit den bloßen Händen! Alles war besser als hier im Dunkeln zu liegen und auf den langsamen Tod zu warten, der näher und näher herankroch...

Und dann fühlte ich es.

Etwas kaltes und Trockenes, aber Lebendiges tastete suchend über meine Schenkel und den Bauch hinauf...

12. Der Luftschlitten

Und dann sprach eine lautlose Stimme in meinem Kopf.

›Karn?‹

Die Erleichterung war so groß, daß ich zu schluchzen begann. Ich zitterte am ganzen Körper.

»Zarqa?« stammelte ich erschöpft. »Kann es sein...?«

Der geflügelte Mann tastete mit seiner trockenen, lederigen Hand an meinem Arm entlang zur Fessel.

›Sarchimus ist tot. Und mit dem Erlöschen seines Willens sind alle Einrichtungen, die auf die Wellenlänge seines Gehirns eingestellt waren, deaktiviert worden. Mein Energiekäfig wurde plötzlich ausgeschaltet, und ich war frei.‹

Er konnte die Ketten nicht lösen. Ich hörte ihn mühsam zum versteinerten Leichnam des Magiers kriechen und seine Kleider nach dem Schlüssel durchsuchen. Anscheinend war Zarqa vom langen Nahrungsentzug sehr geschwächt. Glücklicherweise fand er den Schlüssel, kam zurück und begann meine Fesseln aufzuschließen.

Ich setzte mich auf und rieb die Handgelenke, während er sich mit den Fußfesseln beschäftigte.

»Du hast ihm das Rezept für das Elixier gegeben«, sagte ich. »Aber es war das falsche Rezept, nicht wahr?«

›Ja. Ich konnte nicht länger widerstehen. Aber ich sorgte dafür, daß das Elixier zerstörte.‹

»Aber er probierte es zuerst an mir aus«, sagte ich. »Warum wurde ich nicht wie er zu Stein verwandelt?«

›Ein Bestandteil, den er nicht kannte, wirkt als Stabilisierungsfaktor, der die Versteinerung verhindert. Dieser Bestandteil ist eine Chemikalie, die aus dem Gift des Skorpions gewonnen wird. Ich wußte, daß Sarchimus die Mischung an dir erproben würde, aber ich wußte auch, daß die noch in deinem Körpergewebe vorhandenen Spuren von Skorpiongift ausreichen würden, den Versteinerungseffekt zu neutralisieren.‹

Inzwischen hatte er mich befreit, und ich konnte aufstehen. Besorgt spähte ich in die Dunkelheit.

»Zarqa, die Energiebarrikaden existieren nicht mehr. Es ist nur eine Frage der Zeit, bis Tiere aus den Kellern in den Turm eindringen werden. Erst kürzlich begegnete ich unter dem Turm einem Salug. Was sollen wir tun?«

›Wir werden diesen Ort verlassen. Der Luftschlitten ist noch intakt, weil seine Energiequelle nicht von Sarchimus abhängig ist. Aber zuerst brauche ich Nahrung, denn ich bin beinahe verhungert.‹

Ich suchte eine halbe Stunde lang im finsteren Laboratorium herum, bis ich ein Feuerzeug entdeckte. Im Schein seiner matten Flamme stiegen wir hinauf in Sarchimus' Quartier und fanden die Küche, wo er seine Vorräte verwahrte. Ich öffnete Konserven, und nachdem Zarqa mir das Aussehen des Mets beschrieben hatte, entdeckte ich in einem Wandschrank einen Vorrat der aus vergorenem Honig gewonnenen Flüssigkeit. Ich überließ Zarqa seiner Mahlzeit, auf die er sich mit Heißhunger stürzte, und ging mit einer Kerze zu Janchan von Phaolon, der noch in seiner Zelle steckte. Die getarnte Tür war noch immer verschlossen, und ich sah keine Möglichkeit, ihre Verriegelung zu öffnen. Wahrscheinlich wurde sie durch einen Mechanismus bewegt, der irgendwo in der Wand verborgen war. Ich machte mir nicht die Mühe, ihn zu suchen, denn das Elixier des Lichts wirkte noch in mir, und ich fühlte mich stark wie ein Bär. Ich hob eine Bank aus massivem Holz auf und rannte damit so lange gegen die Tür an, bis sie aus den Angeln brach.

Janchan umarmte mich und weinte vor Freude und Dankbarkeit, und gemeinsam stiegen wir hinunter in Sarchimus' Gemächer, wo der Geflügelte noch immer bei seiner Mahlzeit saß. Als Janchan die dünne Gestalt mit den riesigen Flügeln und dem kahlen Schädel erblickte, blieb er mit einem erschrockenen Ausruf stehen.

»Keine Angst«, sagte ich. »Dies ist mein Freund Zarqa, der Kaludh. Sein Volk erbaute vor langer Zeit diese Stadt, und er ist der letzte von seiner Art auf dieser Welt. Sarchimus hat ihn gefoltert und fast verhungern lassen, um ihm die Geheimnisse der alten Wissenschaft zu entreißen. Er ist in schlechter körperlicher Verfassung.«

»Bei den Göttern, Karn!« sagte Janchan verblüfft. »Wir haben Legenden über solche Wesen, aber niemals hätte ich geträumt, selbst einer dieser mythischen Gestalten zu begegnen! Versteht er unsere Sprache?«

›Ich bin nicht mit den Organen der Lautsprache ausgerüstet. Unsere Art zu sprechen ist die von Geist zu Geist.‹

Janchan fluchte erschrocken, als er die fremde Gegenwart in seinem Gehirn spürte, und mit abwehrend erhobenen Händen wich er zur Tür zurück.

›Ich weiß, daß ich euren Augen seltsam und unheimlich erscheine. Aber fürchte mich nicht, Janchan. Wir waren beide die Gefangenen des grausamen Sarchimus, und so sind wir Kameraden; laß uns Freunde sein.‹

»Mit Freuden«, sagte Janchan, der sich von seinem Schock zu erholen begann. »Und vergib mir, wenn meine Reaktion auf deine Erscheinung beleidigend gewirkt haben mag. Ich wußte nichts von deiner Existenz, und diese plötzliche Begegnung überraschte mich.«

Zarqa stand auf und wanderte im Raum auf und ab. Der Met mußte ein machtvolles Gebräu sein, denn schon zeigte Zarqa sich erholt und gekräftigt. Seine dunklen Augen hatten frischen Glanz gewonnen, und er bewegte sich mit elastischen, federnden Schritten.

›Wir sollten diesen Ort schnellstens verlassen, meine Freunde. Die räuberischen Lebewesen, die in den Turm eindringen können, sind nicht die einzige Gefahr. Hoom mit den vielen Augen wird nicht entgehen, daß sein Rivale tot ist, und hierherkommen, um soviel wie möglich von Sarchismus' Ausrüstungen an sich zu bringen.‹

»Das ist richtig«, sagte Janchan. »Mir ist hier sowieso nicht geheuer.«

»Aber Zarqa«, sagte ich. »Der scharlachrote Turm ist dein

Heim. Warum solltest du dich daraus vertreiben lassen und dich den Gefahren des Waldes aussetzen?«

Der geflügelte Mann zuckte mit den hohen, knochigen Schultern.

›Ich kann hier nicht mehr in Frieden leben, seit Männer von eurer Rasse wie Sarchimus und Hoom und ihresgleichen Sotaspra zu ihrer Domäne gemacht haben. Vielleicht ist es für mich an der Zeit, die Vergangenheit fahren zu lassen und in die größere Welt jenseits der Stadt hinauszugehen. Es gibt hier nichts mehr für mich, und ich kann gegenwärtig nichts Besseres tun als euch helfen, den Weg in eure Heimat zu finden . . .‹

Wir gingen hinauf zum obersten Rundbalkon des roten Turms. Mattes graues Licht sickerte durch die dunklen Laubvorhänge, und es regnete. Nebelbänke schwebten in der Tiefe, wo die ungeheuren Stämme der Riesenbäume sich in Dunkelheit verloren. Weiße Schleier lagen wie feines Seidengespinnst über der toten Stadt.

Der Luftschlitten stand in einem Raum, der sich mit einem weiten Mauerbogen zum Balkon und ins Freie öffnete. Zarqa untersuchte ihn und sagte, er sein startbereit. Wir brauchten ihn nur umzudrehen, denn er stand noch so, wie Sarchimus ihn nach seinem letzten Flug verlassen hatte.

Wir kehrten in die unteren Wohnräume zurück, und während Zarqa den restlichen Metvorrat zum Schlitten hinaufschaffte, suchten Janchan und ich in Sarchimus' Garderobe nach geeigneten Kleidungsstücken. Der Magier hatte mich ausgezogen, und während der folgenden Ereignisse hatte ich meine Nacktheit vergessen. Nun durchwühlte ich des Magiers Sachen und mußte entdecken, daß seine Kleider zwei bis drei Nummern zu groß für mich waren. Schließlich entschied ich mich für eine einfache Jägertracht, bestehend aus ledernen Beinkleidern, einem kurzen Überrock — der mir ein gutes Stück über die Knie reichte —, einem Wetterumhang, Gürtel und Stiefeln. Auch diese waren mir viel zu groß, und so stopfte ich die Spitzen mit Stoffetzen aus. Dann bewaffnete ich mich mit einem Krummsäbel und einem Jagdmesser und füllte meine Tasche mit Münzen aus dem Besitz des Magiers. Sie waren von mir unbekannter Prägung und bestanden aus einem schweren schwarzen Metall. Ich vermutete, daß sie einen beträchtlichen Wert darstellten, schon weil Metalle auf der Welt des Grünen Sterns sehr selten waren. Die Laonesen wagten sich so gut wie nie auf den Boden ihres weltumspannenden Waldes hinunter, denn diese düsteren Bereiche waren die Heimat gefürchteter Ungeheuer. Alle Metalle stammten aus einem entlegenen Gebirge, wo sie von einheimischen Stämmen mit primitiven Mitteln in kleinen Mengen geschürft und verhüttet wurden, um dann als begehrte Handelsware ihren Weg in die Welt zu nehmen. Ähnlich verhielt es sich mit dem Salz, das an den Küsten des einzigen Ozeans gewonnen wurde und ein ebenso begehrter Artikel war.

Solchermaßen auf eine ungewisse Zukunft vorbereitet, schloß ich mich Janchan an, der sich zu einer Kriegerausrüstung mit ledernem Schuppenpanzer verholfen hatte. Wir packten Lebensmittelvorräte zusammen – darunter getrocknetes Fleisch, gedörrte Früchte, einen Krug Wein, einen Schlauch mit Trinkwasser und schleppten alles hinaus zum Schlitten. Zarqa war mit uns hinuntergegangen, hatte sich aber dann von uns getrennt und war noch nicht zurückgekehrt. Wir verstauten unsere Sachen, dann warteten wir.

»Wo ist unser geflügelter Freund, Karn?« fragte Janchan unruhig, als etwa zehn Minuten verstrichen waren. »Der Abend ist nicht mehr fern, und ich möchte gern weit von der toten Stadt entfernt sein, bevor die Dunkelheit den Weiterflug gefährlich macht.«

Er hatte noch nicht ausgesprochen, als Zarqa in Sicht kam, beladen mit einer Anzahl von Gegenständen, die er in den Seitenfächern des fliegenden Schlittens verstaute.

»Was für Sachen sind das, Zarqa?« fragte ich.

›Nur einige Dinge aus dem Besitz des Sarchimus, der sie nicht mehr benötigt. Ich dachte, sie könnten sich auf unserer Reise als nützlich erweisen.‹

Unter dem Zeug, das er herbeigeschleppt hatte, war ein weites Gewand, das wie ein Burnus aussah und aus einem Material wie Kunstfaser gewebt war. Zarqa nannte das Kleidungsstück einen Wetterumhang. Ferner sah ich eine Rolle des Materials, aus dem Sarchimus meinen Kragen gemacht hatte, einen Behälter mit ›flüssigen Flammen‹, wie Zarqa es nannte, und eine federleichte leuchtende Kugel, die er als ›Hexenlicht‹ bezeichnete.

›Vorsichtshalber habe ich auch den Zoukar mitgebracht‹, erklärte er und zeigte mir den mit Metallkappen versehenen Kristallstab, aus dem Sarchimus Energieentladungen geschleudert hatte.

›Schwerter sind eine primitive Waffe, und wir haben es immer vorgezogen, möglichst aus der Distanz zu töten.‹

Janchan betrachtete zweifelnd die magischen Gegenstände, dann fragte er: »Brauchen wir wirklich alle diese Dinge?«

›Wer kann voraussagen, welchen Gefahren wir begegnen werden? Und wir werden nur drei Kämpfer gegen viele sein.‹

»Aber du warst lange genug aus, um den Turm von oben bis unten auszuplündern«, sagte ich.

›Ganz recht. Ich hatte noch eine Mission zu erledigen, bevor wir diesen Ort für immer verlassen. Ich mußte die metallenen Automaten unbrauchbar machen, die Sarchimus aktiviert hatte, um seine Herrschaftsträume voranzutreiben.‹

»Bei allen Göttern, ich hatte sie völlig vergessen!« rief ich betroffen. Zarqa lächelte.

›Ich dachte es mir. Aber es wäre unklug, Sarchimus' Werkzeuge zurückzulassen, nur damit Hoom mit den vielen Augen sie für seine Zwecke gebraucht. Also habe ich die Gehirnspeicherzellen der Automaten zerstört und eine starke Säure in ihre Bewegungsmechanismen geschüttet. Auch habe ich einen zweiten Behälter mit flüssigen Flammen in sein Arbeitszimmer getragen. Das Feuer wird alle Aufzeichnungen verzehren. Ohne sie wird Hoom es unmöglich sein, die verlorene Wissenschaft wiederzuentdecken, und so keine Gefahr für die Welt darstellen. Und nun, denke ich, sind wir reisefertig.‹

»Wir haben noch nicht beschlossen, wohin die Reise gehen soll«, sagte Janchan. »Vielleicht haben wir verschiedene Ziele.«

Ich erklärte ihm, daß ich kein Verlangen hätte, zum Stamm meiner Väter zurückzukehren, der mich dem Tod in der Wildnis ausgeliefert hatte, und fragte ihn, ob er nach Phaolon oder anderswohin wolle.

Er seufzte niedergeschlagen.

»Ich habe geschworen, meine Vaterstadt nicht eher wieder zu betreten, bis ich Gewißheit über das Schicksal unserer Prinzessin Niamh habe«, sagte er. »Meine Kameraden und ich, die sich ihre Rettung zum Ziel gesetzt hatten, fanden keine Spur, obwohl wir weite Gebiete im Umkreis von Phaolon absuchten. Aber von Nomaden, denen wir begegneten, hörten wir Gerüchte, daß ein hühnenhafter Mann in Kriegerkleidung und ein zartes junges Mädchen von einer Bande Gesetzloser unter Siona der Jägerin in ihrem geheimen Schlupfwinkel gefangengehalten würden. Das gab uns Hoffnung, denn der Beschreibung glaubten wir entnehmen zu können, daß die Gefangenen unsere Prinzessin und ihr Begleiter Chong sein mußten; zugleich aber war es eine schlechte Nachricht, denn jeder in meiner Vaterstadt weiß, daß Siona die Jägerin das Königshaus von Phaolon mit leidenschaftlichem Haß verfolgt, stürzte es doch ihren Vater vom Thron und verstieß ihn in die Wildnis.«

Ich schwieg, was mir verständlicherweise nicht leichtfiel, denn ich kannte natürlich die ganze Geschichte aus erster Hand, weil ich selbst dieser Chong gewesen war. Aber ich konnte nichts darüber sagen. Niemand hätte mir geglaubt, wenn ich mich als die zweite Inkarnation von Chong ausgegeben hätte, und ich hätte als ein lächerlicher Aufschneider und jugendlicher Gernegroß dagestanden.

»Noch schlimmer aber ist«, fuhr Janchan fort, »daß kein Mensch in ganz Phaolon weiß, wo Sionas Bande ihr geheimes Hauptquartier hat. Das ist ein Geheimnis, das von den Angehörigen der Bande sorgsam gehütet wird. Wie auch immer, nach langem Nachdenken bin ich auf die Idee gekommen, daß Sionas Rache darin bestanden haben könnte, Niamh an ihre Feinde zu verkaufen, die Leute von Ardha. Darum fällt mir nichts Besseres ein, als in Verkleidung nach Ardha zu gehen und dort nach der Prinzessin zu suchen.«

Er brach ab und blickte mit einem entschuldigenden Lächeln von Zarqa zu mir und wieder zurück.

»Natürlich, meine lieben Freunde, gibt es keinen Grund, warum ich von euch erwarten sollte, daß ihr euch an dieser Suche beteiligt, die nur für jemanden aus Phaolon von Bedeutung ist.«

Ich räusperte mich und sagte: »Es gibt keinen Grund, warum wir dich nicht wenigstens in die Gegend von Ardha bringen sollten. Die Karte, die Hoom mir überlassen hat, wird uns den Weg zeigen. Sind wir einmal dort, können wir die Sache weiter besprechen.«

So wurde es beschlossen, und dann stiegen wir in den Luftschlitten, nahmen unsere Plätze ein und bereiteten uns auf den Flug vor.

Die Sitze waren muldenförmige Vertiefungen im Schlittenboden, und es gab Handgriffe zum Festhalten und Gürtel, mit denen man sich festschnallen konnte. Zarqa setzte sich hinter die Windschutzscheibe und bediente die einfache Steuerung. Ich hatte die Instruktionen für die Bedienung des Schlittens, die Hoom mir gegeben hatte, längst auswendig gelernt, aber da Zarqa bei uns war, sah ich keinen Grund, mir die Position des Flugkapitäns anzumaßen. Schließlich hatte der Schlitten ursprünglich Zarqa gehört.

Er aktivierte die Energieaufnahme, und ein hohes Summen wurde hörbar. Der Schlitten vibrierte, dann hob er sanft ab und glitt durch den Mauerbogen und über die Balkonbrüstung hinaus in die freie Luft. Augenblicke später versanken der rote Turm und die tote Stadt Sotaspra hinter uns in grauer Dämmerung, und wir waren unterwegs nach Ardha, der Stadt des Tyrannen Akhmim.

13. Der Flug nach Ardha

Der Luftschlitten flog mit einem Minimum an Geräusch und Vibration. Ich wußte damals nicht, daß er durch das Anzapfen von Magnetfeldenergie und ihrer Umwandlung in elektromagnetische Antriebskraft funktionierte, noch habe ich je erfahren, wie dies geschah, aber der Schlitten flog mit bemerkenswerter Geschwindigkeit und Manövrierfähigkeit. Zarqa lenkte ihn in halsbrecherischen Kurven zwischen den zyklopischen Stämmen und Ästen der himmelhohen Bäume hindurch, und obwohl er die ungefähre Richtung einzuhalten versuchte, die wir nach Hooms Karte festgelegt hatten, begann ich zu zweifeln, ob wir ohne Kompaß jemals unseren Weg durch dieses Labyrinth finden würden.

Die erste Etappe unseres Flugs endete schon eine Stunde nach dem Start, als die rasch zunehmende Dunkelheit den Weiterflug zu gefährlich machte. Wir banden den Luftschlitten an einen Zweig von der Stärke eines Bootsmastes und ließen ihn in der Luft schweben, gehalten von elektromagnetischer Energie. Nach einer flüchtigen Mahlzeit streckten wir uns in unseren Sitzen aus, so gut wir konnten. Der Ankerplatz in der freien Luft bot uns größtmögliche Sicherheit vor den Angriffen der zahlreichen räuberischen Lebewesen, von denen die Wildnis wimmelte, und so legten wir uns unbesorgt zur Ruhe.

Die Nacht war warm, die Dunkelheit fast vollkommen. Der Regen hatte aufgehört oder so weit nachgelassen, daß er die gestaffelten Laubdächer nicht mehr durchdrang, aber ein Wind rauschte hoch über uns durch die Baumkronen, und der bedeckte Himmel ließ auch nicht das matteste Glimmen eines Sterns durchscheinen. Hier in den mittleren Ebenen des Waldes mischte sich eine Vielzahl unvertrauter und zuweilen erschreckender Geräusche in das ferne, eintönige Sausen des Winds. Die nächtlichen Räuber und ihre überraschten Beutetiere erfüllten die Finsternis mit Brüllen und Zischen, jähem, markerschütterndem Kreischen, wildem Geschnatter und jämmerlichen Schreien. Aber die Spannungen und Anstrengungen des Tages machten sich jetzt bemerkbar, und unsere Müdigkeit war so groß, daß uns nicht einmal das haarsträubende Konzert der nächtlichen Wildnis lange wachhalten konnte. Bald schliefen wir ein, und als ich erfrischt und ausgeruht erwachte, war der neue Tag bereits angebrochen.

Nach Hooms Landkarte lagen mehr als dreitausend Farasangen zwischen der toten Stadt Sotaspra und Ardha.

Die Farasange ist eine Maßeinheit, die allein einem Laonesen etwas bedeutet, und ich finde es unmöglich, den Begriff in irdische Entfernungsangaben zu übertragen. Diese Unmöglichkeit, Farasangen in Kilometer umzurechnen, liegt hauptsächlich an den Eigentümlichkeiten des Reisens auf der Welt des Grünen Sterns. Während ich mich bei kurzen Flügen meistens nach meinem eigenen Gefühl für Entfernungen richten konnte und so eine gewisse Vorstellung von den zurückgelegten Kilometern hatte, war dieses Gefühl völlig unbrauchbar, sobald es um weite Distanzen ging.

Um die Schwierigkeiten zu verstehen, muß man sich eine Zivilisation vorstellen, die sich nicht auf der Erdoberfläche entwickelt hat, sondern hoch darüber in den Ästen kolossaler Bäume. Einige dieser Siedlungen oder Städte lagen vier oder fünf Kilometer über dem Boden.

Auf der Erde gibt es nur wenige Regionen, in denen Menschen in annähernd vergleichbaren Höhenlagen dauernd siedeln können, und dort haben sie einen jahrtausendelangen Anpassungsprozeß hinter sich. Der Grund dieser Schwierigkeit ist die abnehmende Dichte der Erdatmosphäre, die schon bei fünf- bis sechstausend Metern zu dünn und zu kalt ist, um menschliches Leben zu erhalten.

Doch auf der Welt des Grünen Sterns herrschen ganz andere Bedingungen. Die Aufgabe der Bäume und aller anderen Formen von Vegetation im natürlichen Haushalt der irdischen Biosphäre ist es, den Sauerstoffgehalt der Luft zu erhalten und zu ergänzen. Tiere und Menschen verbrauchen Luftsauerstoff und atmen Kohlendioxyd aus. Die Pflanzen dagegen verbrauchen Kohlendioxyd und atmen Sauerstoff aus.

Auf der Erde erreichen Bäume nur eine vergleichsweise geringe Höhe, und die Riesen unter ihnen, die mächtigen Sequoias, kommen nur in geringer Zahl in einem eng umgrenzten Gebiet vor. Aber auf der Welt des Grünen Sterns wachsen die Bäume sechs bis sieben Kilometer hoch in den Himmel, und die Größe und Oberfläche ihres Laubwerks erreichen entsprechende Dimensionen. Ein einziger dieser Baumgiganten mag ein Mehrfaches der Blattoberfläche eines ausgedehnten irdischen Walds tragen und produziert die gleiche mehrfache Menge Sauerstoff. Über dies befindet sich die Hauptmasse des sauerstofferzeugenden Laubwerks in den höherliegenden Regionen und im Wipfelbereich. Wo auf der Erde die lebensfeindliche Verdünnung der Atmosphäre beginnt, ist auf der Welt des Grünen Sterns die sauerstoffreichste Luftschicht anzutreffen.

So ist es nicht wirklich ungewöhnlich, daß die Laonesen ihre Siedlungen kilometerhoch über der immerwährenden tiefen Dämmerung ihrer Landoberfläche anlegten.

Um nun zu zeigen, welchen Einfluß diese Gegebenheiten auf die Natur der Farasange als unübertragbare Einheit der Entfernungsmessung haben, muß man sich vergegenwärtigen, daß die Bewohner dieser Welt niemals freiwillig auf die Landoberfläche ihres Planeten hinunterstiegen. Durch diesen Umstand entwickelten sie nie eine Vorstellung von einem Streckenmaß, das auf geographischen Entfernungen basiert. Auf Erden ist ein Kilometer die am Boden gemessene Distanz zwischen zwei Punkten, während die Farasange der Laonesen, denen es als Baumbewohnern eines weltumspannenden Urwalds an charakteristischen Landmarken und Fixpunkten mangelte, mehr die zeitliche Distanz zwischen zwei Orten bezeichnete, oder, besser gesagt, die durchschnittliche Flugzeit. Eine Umrechnung auf Kilometer wäre theoretisch sicherlich möglich, aber ich besaß und besitze keine Vergleichsdaten. Wenn also gesagt wird, daß Sotaspra dreitausend Farasangen von der Stadt des Tyrannen Akhmim entfernt ist, so ist damit die zwischen den zwei Orten benötigte Flugzeit gemeint, gemessen an der durchschnittlichen Reisegeschwindigkeit der gezähmten Riesenlibellen, des gebräuchlichsten Fortbewegungsmittels der Laonesen.

Und da es auf einer Welt ohne Uhren keine präzise Methode der Zeitmessung gibt, kann ich den Begriff nicht einmal in irdischen Minuten oder Stunden ausdrücken. Nach meiner eigenen Erfahrung schätzte ich eine Farasange auf ungefähr vierzig Minuten Flugzeit; aber da der Luftschlitten eine weit höhere Reisegeschwindigkeit erreichte als jede Libelle, bot auch dies keinen festen Anhaltspunkt. Um die Dinge weiter zu komplizieren, schien mir eine Tageslichtperiode auf der Welt des Grünen Sterns immer erheblich länger zu sein als die durchschnittlichen zwölf Stunden, die auf Erden einen Tag vom Morgen bis zum Abend ausmachen. Ich vermute, daß das Tageslicht auf der Welt des Grünen Sterns wenigstens sechzehn Stunden währte; doch auch hier bin ich unfähig, irgendeine präzise Aussage zu machen. Bedingt durch die dichte und immer dunstige Atmosphäre ihres Planeten sowie das alles überspannende Laubdach, konnten die Laonesen die Position ihres Zentralgestirns nicht mit auch nur annähernder Genauigkeit bestimmen, von astronomischen Beobachtungen und Berechnungen ganz zu schweigen. Die immerwährenden Schleier silbrigen Nebels, die den Planeten einhüllen, sorgen für eine starke Diffusion des einfallenden Sonnenlichts; und diese Diffusion wurde noch vermehrt durch den Filtereffekt der ungeheuren goldgrünen Laubmassen, die jeder der berghohen Bäume trug.

Bald gab ich alle Versuche auf, die Entfernung zu berechnen, die wir auf unserem Flug zurücklegten. Die Einheimischen schienen eine eingebaute ›biologische Uhr‹ zu besitzen, die es ihnen erlaubte, mit Farasangen zu rechnen und ziemlich genaue Schätzungen abzugeben, und wahrscheinlich hatte der ursprüngliche

Karn ein ähnlich entwickeltes Zeitgefühl gehabt; aber ich, der Eindringling, vermochte es nicht zu lesen.

Unsere Reise war eine scheinbar endlose Folge von Tagereisen und nächtlichen Ankerungen, bevor wir in die Gegend von Ardha kamen. In dieser Zeit wurden wir gut miteinander bekannt, wie sich denken läßt, aber es wurde auch ein Problem erkennbar, das ich hätte voraussehen müssen. Ich hatte nicht daran gedacht, und so kränkte und verletzte es mich, daß jeder meiner beiden Gefährten die Gesellschaft des anderen der meinigen vorzuziehen schien und daß sie sehr häufig über meinen Kopf hinweg miteinander diskutierten.

Zuerst begriff ich nicht, warum sie sich so verhielten. Ich war ein erwachsener Mann und hatte bei der Zerstörung des Sarchimus und bei unserer Flucht aus dem roten Turm eine führende Rolle gespielt.

Aber in den Augen meiner Gefährten war ich natürlich nur ein halbwüchsiger Junge, ein schmalbrüstiges Bürschchen in einer lächerlich großen und zu weiten Jägertracht. Das Gehäuse, in dem mein Geist sein neues Heim gefunden hatte, disqualifizierte mich bis zu einem gewissen Grad von den Gesprächen und Diskussionen, die Zarqa und Janchan miteinander führten.

Zarqa war natürlich ein Mann, dem die Jahrtausende einen weiten Blick verliehen hatten, und in seinen Augen war selbst Janchan ein Kind. Aber Janchan bot wenigstens den Anblick eines reifen, verantwortlichen Mannes, und als Höfling gehörte er immerhin zur adligen Elite eines für hiesige Verhältnisse zivilisierten Stadtstaates. Ich hingegen war nur ein halbwilder Junge aus einem primitiven Stamm von Waldnomaden.

Nachdem ich mir diese Zusammenhänge klargemacht hatte, ging es besser, obwohl ich mich immer noch gedemütigt und erniedrigt fühlte, wenn sie diskutierten und Pläne machten, ohne auch nur nach meiner Meinung zu fragen, oder sich zuweilen verhielten, als ob ich überhaupt nicht da wäre. Ich glaube, sie wären beide schockiert und beunruhigt gewesen, hätten sie geahnt, wie verletzend ich dieses natürliche Verhalten von Erwachsenen empfand, einen Jugendlichen nicht für voll zu nehmen. Dabei wußte ich, daß Zarqa mir besonders zugetan war, denn ich war der erste Mensch gewesen, der ihm Mitgefühl und Freundlichkeit entgegengebracht hatte. Und Janchan ließ es mir gegenüber nie an freundlichen und kameradschaftlichen Gesten fehlen und betrachtete mich als Schicksalsgefährten und Freund. Trotzdem schmerzte es –, und ich konnte nichts daran ändern, wollte ich nicht den einfältigen und unsinnigen Versuch unternehmen, ihnen zu erklären, daß ich ein wandernder Geist von einem fernen Planeten sei, der in den frischen Leichnam des

Jungen Karn eingedrungen und ihm wiederbelebt habe. Und ich war nicht töricht genug, das zu tun.

Unsere lange Flugreise endete ganz plötzlich eines Nachmittags, als wir auf der Oberfläche eines gewaltigen Asts ein sonderbares Bauwerk entdeckten, das eine Art Wachtturm oder Außenfort sein mochte.

Zarqa verlangsamte die Geschwindigkeit seines Schlittens und flog ein weites Umgehungsmanöver. Dann hielten wir im Schutz einer dichten Laubkulisse.

Und als ich durch die Lücken im Laubwerk spähte, erkannte ich, daß wir endlich die Stadt Ardha erreicht hatten, das Herrschaftsgebiet des Tyrannen Akhmim, in dessen Zitadelle vielleicht die Frau gefangengehalten wurde, die ich liebte.

Wenn sie noch am Leben war.

14. Wir betreten die Gelbe Stadt

Weder der hagere Zarqa noch Janchan kommentierten die Tatsache unserer Ankunft auch nur mit einem einzigen Wort, was ein weiterer Beweis für die Existenz jener gefühlsmäßigen biologischen Uhr zu sein schien, die sie befähigte, das Verstreichen von Farasangen zu messen. Daraufhin vermied auch ich jede Äußerung, um mir keine Blöße zu geben.

Wir machten den schwebenden Schlitten an einem Zweig von der Stärke eines Männerschenkels fest und krochen auf den Ast hinaus, dem der Zweig entwuchs, um selbst ungesehen zu bleiben und einen guten Blick auf unser Ziel zu gewinnen.

Wie ich früher schon erwähnte, ist den Laonesen der Schwindel, der viele von uns Erdenmenschen beim Anblick von Abgründen und Steilhängen befällt, völlig unbekannt. Wäre es anders gewesen, hätte die Rasse nicht überleben können, denn für ein Volk, das Tausende von Metern über dem Boden in Baumsiedlungen lebt, wäre eine verbreitete Neigung zu Schwindelanfällen tödlich. Karns Körper war natürlich ebenso immun gegen dieses Schwindelgefühl; aber ich war es nicht, und ich konnte nicht umhin, mir schaudernd die schwindelerregenden Tiefen des ungeheuren Abgrunds unter dem Ast, auf dem wir entlangkletterten, auszumalen.

Nun, der Ast hatte immerhin den Umfang einer zweihundertjährigen Eiche und war mit dicker Borke überzogen, so daß es nicht besonders schwierig oder gefährlich war, sich darauf zu bewegen – solange man nicht hinunterblickte und unter der Rundung zu beiden Seiten den einige Kilometer tiefen Abgrund sah, der unter einem gähnte. Und solange man nicht darüber nachdachte, was ein winziger Fehltritt, ein Stolpern oder Ausgleiten mit Sicherheit bewirken würden.

Zarqa schob behutsam zwei bettlakengroße Blätter auseinander und ich gewann einen ersten guten Eindruck von Ardha.

Ich erinnerte mich noch deutlich an die erste Szene, die ich nach meiner ersten Ankunft auf diesem Planeten beobachtet hatte: wie Akhmim mit seinem Gefolge aus Ardha am Hof von Phaolon eingetroffen war, um der Prinzessin Niamh in einer Form, die auf ein Ultimatum hinauslief, die Ehe anzutragen. Ich brauchte meine Augen nicht zu schließen, um das Bild Akhmims in meiner Erinerung wachzurufen, wie ich ihn damals gesehen hatte. Großgewachsen, mit harten, grausamen Zügen, eine Mitra aus funkelnden schwarzen Kristallen auf dem Kopf, ein schwarzes Zepter in der Faust.

Und nun, nach all der Zeit, sah ich die Stadt meines Feindes vor mir.

Sie trug nicht umsonst den Beinamen ›Gelbe Stadt‹. Aus der Ferne schien es, als seien alle Gebäude aus Bernstein, mit Dächern aus einem grauschwarzen Material wie Schiefer.

Die Stadt hatte natürlich keine Mauern. In einer Welt, deren Bewohner durch die Luft statt über Land reisten, wären solche Befestigungswerke sinnlos gewesen. Sie erstreckte sich lang hingezogen auf einem mächtigen Ast, ein Haus neben dem anderen, dazwischen einige Kuppeln und minarettähnliche schlanke Türme, so daß das Gesamtbild ein wenig einer orientalischen Stadt ähnelte, die durch Zauberei hierher verpflanzt worden war. Wo der Ast an der Steilwand des Riesenstamms endete, endete auch der sichtbare Teil der Stadt. Doch eine große Zahl dunkler Löcher, die der angrenzenden Partie des Stamms ein wurmstichiges Aussehen gaben, ließ vermuten, daß ein vielleicht ebenso großer Teil Ardhas als Höhlenstadt im Innern des Baums verborgen war, wie ich es schon in Phaolon beobachtet hatte.

Obschon ohne Befestigungen schien die Stadt scharf bewacht zu sein. Wie winzige schimmernde Motten kreisten Krieger auf Riesenlibellen über dem Ast und schwärmten ohne erkennbares Ziel in seiner Umgebung.

›Das Problem ist, wie wir hineinkommen könnten‹, meinte Zarqa.

»Ganz recht«, murmelte Janchan. »Wir können nicht einfach in die Stadt gehen und nach der Prinzessin fragen.«

›Wir könnten natürlich die Nacht abwarten und hoffen, daß man unser Kommen nicht bemerkt.‹

»Zu riskant, Zarqa«, sagte Janchan und schüttelte den Kopf. »Der Luftschlitten würde große Neugier und Bestürzung auslösen, denn die Leute von Ardha haben dergleichen nie gesehen.«

›Wenn das wahr ist, dann würde mein eigenes Auftreten noch größeren Aufruhr verursachen. Einen Angehörigen meiner Rasse können sie erst recht noch nicht gesehen haben.‹

»So ist es, fürchte ich. Sie würden dich für ein legendäres Wesen halten, einen Dämon aus irgendeinem Mythos – und an alten Mythen fehlt es ihnen sowenig wie uns in Phaolon. Ja, dein Erscheinen würde großes Aufsehen erregen, mein lieber Freund. Und Aufsehen ist genau das, was wir nach Möglichkeit vermeiden wollen.«

Ich hatte mittlerweile wieder genug davon, ignoriert zu werden, um so mehr, als es bei diesem Unternehmen für uns alle um Kopf und Kragen gehen konnte. Darum meldete ich mich ziemlich laut zu Wort.

»Zarqa kann uns bei Nacht zum äußersten Ende des Asts fliegen, dort absetzen und allein zu einem Versteck zurückkehren, um beim Schlitten zu bleiben, bis wir wieder zu ihm kommen«, erklärte ich kühn. »Wir zwei werden dann in die Stadt gehen und uns als Söldner bewerben.«

Zarqa und Janchan tauschten einen erstaunten Blick aus, dann wandten sich beide zu mir um. Janchan lachte ein wenig, als wäre er verlegen.

»Nun, das ist eine gute Idee, Karn«, sagte er. »Eine sehr gute Idee. Trotzdem . . . ich glaube nicht, daß wir dich als einen umherziehenden Söldner verkaufen könnten. Söldner sind harte Gesellen, meistens ergraute Veteranen, aber keine fünfzehnjährigen Jungen.«

Ich errötete; natürlich hatte ich wieder nicht daran gedacht, daß mein Körper der eines Jungen war. Janchan hatte völlig recht.

»Ich bin sechzehn, nicht fünfzehn, und – und groß für mein Alter!« sagte ich hitzig.

»Gewiß, und es ist wirklich eine sehr gute Idee«, sagte Janchan. »Aber ich glaube, es wäre besser, du würdest mit Zarqa hierbleiben, während ich bei Nacht in die Stadt gehe und herauszubringen versuche, was vorgeht . . .«

»Aber ich will nicht hierbleiben!« platzte ich heraus, rot im Gesicht. »Ich – ich will mit dir gehen und helfen, die Prinzessin zu finden!«

Janchan legte seinen Arm um mich und klopfte mir freundschaftlich und begütigend auf die Schulter.

»Natürlich, Karn; ich weiß, daß du das möchtest. Aber ich glaube, ich habe eine größere Chance, wenn ich es allein versuche.«

An diesem Punkt schaltete sich Zarqa ein, wie um meine Demütigung vollkommen zu machen.

›Ich brauche wirklich deine Hilfe hier, Freund Karn. Die Bewachung des Schlittens, die Notwendigkeit, ihn vor zufälliger Entdeckung zu schützen, und die Beobachtung der Stadt sind Aufgaben, die einer allein nicht gut erfüllen kann. Wir werden beide zu tun haben, um es richtig zu machen.‹

Ich gab auf, biß die Zähne zusammen und zwang mich zum Schweigen. Noch immer war ich nicht ganz der Herr dieses Körpers und seiner unreifen Emotionen; und in diesem Moment hatte ich den schrecklichen Verdacht, nahe daran zu sein, in Tränen auszubrechen.

Wir kehrten zurück zum Luftschlitten und aßen. Dann begannen wir aus den riesigen Blättern eine Art Zelt für Zarqa und mich zu bauen und verbargen den Schlitten vor zufälligen Beobachtern aus der Luft. Es war nicht besonders schwierig, Zweigenden und Blattstiele in die geeigneten Positionen zu biegen und mit Lederstreifen aus meinem ohnehin viel zu langen Überrock festzubinden. Bald hatten wir ein zeltartiges Laubdach zuwegegebracht, das uns einigen Schutz gegen Regen und Wind bieten konnte. Auch würde es, so hofften wir, den Schlitten und uns gegen die Blicke etwa vorbeifliegender Kundschafter abschirmen. Dann legten wir uns schlafen, um frisch und ausgeruht zu sein, wenn unser nächtliches Abenteuer begann.

Endlich senkte sich die Nacht über die Welt des Grünen Sterns. Wir zogen den Luftschlitten aus unserem Versteck, gingen an Bord und starteten wieder. Zarqa hatte sich die Route bei Tageslicht sorgfältig eingeprägt, und so gelang es ihm, den Schlitten praktisch ohne Sicht zu einer guten Position am äußeren Ende des Asts zu steuern, auf dem die gelbe Stadt lag. Janchan stieg aus, gut getarnt in seinem dunklen Kriegerumhang. Er hatte seine Rolle als Söldner gut einstudiert. Die Nachricht von den Feindseligkeiten zwischen Ardha und Phaolon mußte in den langen Monaten seiner Gefangenschaft weit in die Welt hinausgedrungen sein, und solche Auseinandersetzungen übten immer eine starke Anziehungskraft auf heimatlose Männer – Strolche, Verbannte und Gesetzlose – aus, die sich von der Plünderung feindlicher Siedlungen und Städte schnellen Reichtum oder die Befriedigung alten Grolls versprachen. Ein weiterer Söldner auf Arbeitssuche würde in einer Stadt, wo wahrscheinlich schon Hunderte zusammengeströmt waren, sich zum Kriegsdienst zu melden, kein Mißtrauen erregen.

Er wandte sich zu uns um, eine dunkle Schattengestalt, hob den Arm zum Abschiedsgruß und grinste, daß ich seine weißen Zähne blitzen sah.

»Auf bald, meine Frende! Zarqa, gib acht auf mein Signal und halte dich bereit! Karn, sei ein guter Junge und hilf unserem Kameraden den Schlitten zu bewachen. Wenn wir wieder zusammenkommen, wird es hoffentlich sein, um die Prinzessin in Sicherheit zu bringen. Lebt wohl!«

Er drehte sich um und ging. Nach wenigen Augenblicken war er in der Dunkelheit untergetaucht.

Und ich war unglücklich.

Zarqa und ich flogen durch die Nacht zurück und erreichten ohne Zwischenfall unseren Lagerplatz. Wir machten den Schlitten fest und aßen ein wenig von unseren zusammengeschrumpften Vorräten. Ich war trübsinnig und brütete wortkarg über meinem Mißgeschick. Hätte ich nur nicht den Körper eines halbwüchsigen Jungen genommen, sondern die Gelegenheit abgewartet, in die Gestalt eines ausgewachsenen Mannes zu schlüpfen! Der freundliche alte Zarqa gab sich alle Mühe, mich aufzumuntern, aber ich blieb einsilbig, und als wir uns endlich schlafen legten, war es sicherlich eine Erleichterung für ihn. Ein mißmutiger Junge, der auf alle gutgemeinten Versuche, ein Gespräch zu beginnen, nur mit Brummen und Grunzen antwortet, ist kein angenehmer Gesellschafter.

Ich lag noch eine Stunde oder länger und starrte in die Schwärze des Blätterdachs über mir. Meine Situation erschien mir beschämend und lächerlich. Ich hatte mich als die Zentralfigur in einem heroischen Unternehmen zur Befreiung der Frau, die ich liebte, aus den Händen grausamer und nichtswürdiger Feinde gesehen, was vielleicht nicht für meinen Realismus und meine geistige Reife sprach, aber immerhin verständlich war. Doch durch die unbedachte Wahl eines halbwüchsigen Körpers sah ich mich nun in die unbedeutende Rolle eines untergeordneten Statisten gedrängt, der untätig dabeistehen mußte, wie ein anderer kühn und wagemutig allein in die Höhle des Löwen vordrang, die Heldin meines ureigenen Abenteuers zu befreien!

Es war unerträglich. Ich wälzte und warf mich herum, unfähig zu schlafen, bis ich endlich doch zur Ruhe kam. Der arme Zarqa konnte nicht mehr tun, als meine Stimmung ignorieren. Der lange, dünngliedrige Mann mit den Fledermausflügeln war nicht dafür geschaffen, die Vaterstelle bei einem schmächtigen Jugendlichen auszufüllen, der unbedingt ein Held sein wollte. Wahrscheinlich war er froh, als ich schließlich mit dem unruhigen Herumwälzen aufhörte und ihn nicht länger mit meiner Unrast und meinen Seufzern behelligte.

Der Morgen lag frisch und golden in den ausladenden Kronen der Riesenbäume. Zarqa erwachte, und dann blieb er noch eine

Weile liegen, die großen, schwarzpurpurnen Augen verschleiert von den Träumen einer versunkenen Welt. Nach kurzer Besinnung erhob er sich mit raschen und gewandten Bewegungen, sorgsam bedacht, mich nicht zu wecken, und begann unser Frühstück zuzubereiten.

Der Grüne Stern stieg höher in den Himmel. Bahnen aus leuchtender Jade stießen schräg durch die immensen Laubdächer und erhellten die Welt der labyrinthisch ineinander verschränkten Riesenäste und gigantisch aufschießenden Stämme. Große Libellen mit buntschillernden Flügeln schossen kreuz und quer durch die Lichtbahnen, unablässig auf der Jagd nach kleineren Insekten, die ihre Beute waren. Still lag die gelbe Stadt in der Ferne, wo der tapfere Janchan jetzt seiner geheimen Mission nachging.

Zarqa trank die kleine Portion Met, mit der er sich den ganzen Tag zufriedengab. In normalen Zeiten genügte ihm eine Mahlzeit in mehreren Tagen, doch nach seiner langen Haft aß er öfter, um auszugleichen, was er an Körpergewicht und Kraft verloren hatte. Nachdem er sich gesättigt hatte, stellte er mein Frühstück bereit. Noch immer kam kein Geräusch von meinem Lager, das von dem seinen durch einen Vorhang aus einem einzigen goldgrünen Blatt getrennt war. Dann war der geflügelte Mann der Überzeugung, daß ich endlich ausgeschlafen haben müsse, trat ins Zelt und schob den Blattvorhang zur Seite ...

Aber ich war verschwunden.

Keine Gemütsbewegung war in seinem ernsten Gesicht, als er umherblickte und sah, daß auch meine Kleider, Stiefel und Waffen fehlten.

15. *Das Blutmal*

Zarqa hatte keine Erfahrungen mit heranwachsenden Jungen und ihrer von Pubertätsnöten bestimmten sprunghaften Art; doch hatte er mich inzwischen gut genug kennengelernt, um zu ahnen, wie tief es mich getroffen hatte, daß mir nicht erlaubt worden war, Janchan bei seinem Abenteuer zu begleiten. Es war ihm klar, daß ich mich in der Nacht aus unserem Lager davongestohlen hatte, um auf eigene Faust das entgangene Abenteuer nachzuholen.

Er wußte auch, wie bekümmert Janchan sein würde, wenn mir bei meinem unüberlegten Versuch, in die Stadt zu gelangen, etwas zustieße. Der Phaolonier würde sich Vorwürfe machen, weil er unabsichtlich den Anlaß zu allem Unheil gegeben hatte, das nun über mich kommen mochte.

Eine zeitlang stand der geflügelte Mann bewegungslos und dachte nach.

Dann entschied er, daß er mich suchen müsse. Er nahm ein paar Gegenstände aus seiner Ausrüstung an sich und steckte sie in eine Umhängetasche, die er über seine Schulter schlang. Darauf breitete er seine Flügel aus und stieß sich ab.

Mit ein paar kräftigen Schlägen der mächtigen dunkelgoldenen Flügel schwang er sich empor und segelte in einem weiten Bogen über den Zweig, auf dem sich unser Lager befand. Nachdem er sich vergewissert hatte, daß ich nicht in der Nähe war, glitt er wieder abwärts, den Kopf vorgestreckt, die großen dunklen Augen auf den kleinen Ast gerichtet, den ich genommen haben mußte. Ihrem scharfen Blick war es ein leichtes, meine Fährte auszumachen . . . eine Stelle, wo mein Stiefelabsatz ein Moospolster aufgerissen hatte . . . den Zweig, an dem ich mich festgehalten hatte und der unter meinem Gewicht geknickt worden war . . . die abgescheuerte Borkenoberfläche, wo ich gestanden und mich umgedreht hatte. Schließlich kam er zu der Stelle, an der ich gezwungen gewesen war, die Rolle des glasigen, kabelähnlichen Materials zu verwenden, die ich aus dem Seitenfach des Schlittens genommen hatte. Das Kabel hatte unter meinem Gewicht eine deutlich eingedrückte frische Scheuerspur in der rauen Borke hinterlassen, und Zarqa wußte sie richtig zu deuten.

Er faltete seine Flügel an und ließ sich durch den gähnenden Abgrund zum nächsttieferen Ast fallen, der stärker und ebener war als der obere.

Und auf diesem unteren Ast machte er eine erschreckende Entdeckung.

Blut!

Denn hier war ein Kampf ausgefochten worden. Zarqas scharfe Augen lasen in den Spuren wie in einem Buch: die abgestoßene und zerbrochene Borke, die ich mit meinen Stiefeln zertreten hatte, als ich gegen einen mysteriösen Gegner gekämpft hatte, dessen Natur Zarqa nicht feststellen konnte; ein abgerissener Fetzen meines Umhangs an einem zersplitterten Zweig; und das Blut – eine Menge halbgeronnenen Bluts, das in einem großen rostroten Fleck die Astoberseite bedeckte und mit allmählich erstarrenden Rinnsalen die Borkenrinnen füllte.

Zarqa beugte sich über die Blutlache und studierte aufmerksam die Beschaffenheit und das mutmaßliche Alter, suchte nach weiteren Anhaltspunkten.

War es mein Blut – oder das Blut meines Gegners?

Er sah keine Möglichkeit, diese Frage zu beantworten.

Das hagere Gesicht grimmig vor Verzweiflung und brennender Sorge, schwang der treue Freund sich wieder in den Luftraum hinaus. Die großen Flügel weit ausgebreitet, begann er in weiten Kreisen segelnd nach irgendwelchen weiteren Spuren oder Zeichen von mir Ausschau zu halten.

Aber nach dieser furchtbaren blutigroten Markierung fand er nichts mehr.

Die räuberischen Bewohner der Wildnis der Riesenbäume sind zahlreich und tödlich.

Es gibt viele wilde Riesenlibellen, die, wenn sie sich auch selten gegen den Menschen wenden, keine Hemmungen haben, die Herren ihrer zahmen Artgenossen aufzufressen, wenn der Hunger sie dazu treibt.

Mehr zu fürchten sind die kolossalen Spinnen, die in verschiedenen Größen und Arten vorkommen und ihre Netze zwischen den Stämmen der mächtigen Bäume spannen. Netze mit einer Oberfläche von zehn oder fünfzehn Hektar sind keine Seltenheit.

Die vielleicht gefährlichsten Lebewesen dieses Bereichs sind die schnellen, überaus gewandten und obendrein mit einer hornigen Schuppenhaut gepanzerten Baumechsen, gefräßige Eidechsen von der Größe des sibirischen Tigers.

Ich konnte natürlich im Kampf ausgeglitten und einfach in die Tiefe gefallen sein; das kommt selbst bei den Laonesen immer wieder vor – wenn auch nicht sehr häufig, weil sie die Schwindelfreiheit und Trittsicherheit von Gemsen haben. Aber die Spuren meines Kampfes und besonders die riesige Blutlache deuteten darauf hin, daß ich von einem Raubtier angefallen worden war und mit ihm gekämpft hatte.

Ob ich aus diesem Kampf als Sieger hervorgegangen oder getötet und fortgeschleppt worden war, konnte Zarqa nicht ermitteln. Aber er verzweifelte nicht; es lag nicht in der Natur seiner Art, sich dem Schicksal zu ergeben.

Gegen Abend unterbrach er seine Suche. Er hatte sich weit vom Lager entfernt, und weil er entschlossen war, die Nachforschungen am anderen Morgen fortzusetzen, beschloß er, die Nacht an Ort und Stelle zu verbringen. So kauerte er sich einfach auf dem Zweig nieder, auf dem er eben gelandet war, hüllte seinen Körper in die lederigen Flügel ein und schlief.

Mit dem Morgengrauen erwachte er, streckte seine Glieder, erleichterte sich, trank ein wenig klares Wasser aus einem Blatt, in dem sich Nachttau gesammelt hatte, und flog weiter. Er hatte sich vorgenommen, sorgfältig und methodisch den ganzen Baum abzusuchen, denn er ging davon aus, daß es keine Möglichkeit für mich gegeben hatte, auf den nächsten Baum hinüberzuklettern, der auf einem seiner größten Äste die Stadt Ardha trug. So beschränkte er seine Suche vorerst auf den Baum, in dem er die Nacht zugebracht hatte.

Sein Unternehmen fand ein ebenso unerwartetes wie vorzeitiges Ende.

Mitten im Flug fühlte er einen plötzlichen Schmerz im rechten Flügel, wandte den Kopf und sah, daß ein schwarzer Pfeil die gespannte Flughaut durchbohrt hatte und mit dem gefiederten Ende darin steckengeblieben war.

Er ließ sich ein Stück durch die Luft fallen und schüttelte den Pfeil ab. Noch hatte er den verborgenen Schützen nicht entdeckt, als ein zweiter schwarzer Pfeil sein Flügelgelenk traf.

Diesmal war der Schmerz heftiger, aber schlimmer war, daß er seinen Flügel nicht mehr bewegen konnte. Er mußte sofort versuchen, auf einen der breiten Äste zu kommen, solange er sich noch in der Luft halten konnte.

Schwerfällig flatternd und taumelnd, mit gelähmtem rechten Flügel, begann er immer schneller zu fallen, kaum noch fähig, seinen Kurs zu halten. Dann sah er die breite Oberfläche eines mächtigen Asts auf sich zu kommen, schlug hart auf und verlor das Bewußtsein ...

Als Zarqa wieder zu sich kam, fand er sich ausgestreckt auf dem Ast liegen, umringt von Menschen. Es waren rauh aussehende Männer mit harten Gesichtern und mißtrauischen Augen, schwarze Umhänge über den gelben Uniformröcken der Ardhanesen. Sie trugen schmale Schwerter an den Gürteln, und jeder war darüber hinaus mit einem schwarzen Langbogen bewaffnet.

Sie stritten untereinander und merkten nicht gleich, daß der Geflügelte zu sich gekommen war. Er benutzte die Gelegenheit, das Ausmaß seiner Verletzungen festzustellen. Der stechende Schmerz in seinem linken Arm sagte ihm, daß er beim Aufprall gebrochen sein mußte. Sein rechter Flügel war bewegungsunfähig und so gefühllos, daß er nicht sagen konnte, ob der Pfeil das Gelenk zerstört hatte oder nur durch die Sehnen und Muskeln gefahren war.

Da er nicht fliegen und mit dem gebrochenen Arm nur schlecht klettern konnte, war an Flucht kaum zu denken, und so wartete Zarqa in geduldiger Schicksalsergebenheit den weiteren Lauf der Ereignisse ab. Ein stämmiger Mann mit fleischigen, unrasierten Wangen stieß ihn grob mit dem Stiefel an.

»Bei den Zähnen von Balkh, ich sage, wir töten das Ding hier, und Schluß. Ob es nun ein Engel ist oder nicht, wir hielten es für eine Goldmotte, und nun ist es passiert ...«

»Wir?« grollte ein grauhaariger kleiner Mann mit verwachsenem Rücken. »Du warst es, Gulquond, und du allein hast den Himmelsboten mit deinen Pfeilen abgeschossen. Wir anderen haben nichts damit zu tun!«

Die anderen murmelten ängstlich ihre Zustimmung, und Gulquonds Selbstsicherheit schwand sichtlich. Er leckte seine Lippen, und seine kleinen Schweinsaugen gingen hierhin und dorthin, als suche er einen Ausweg aus der Falle, in die er geraten war.

Zarqa wußte wenig von den religiösen Vorstellungen der Rasse, die diesen Planeten mit ihm teilte, aber er hatte gehört, daß sie die unbekannten Regionen über den Wolken mit allerlei Göttern und himmlischen Wesen bevölkerten. Und so verstand er auch, daß mit Engeln und Himmelsboten die geflügelten Diener dieser vielen göttlichen Wesen gemeint waren. Die Jagdgruppe aus Ardha dachte offenbar, sie hätte einen Engel abgeschossen! Wäre die Situation nicht so gefährlich gewesen, hätte er sie beinahe erheiternd gefunden.

Gulquond verteidigte sich mit dem Argument, daß das geflügelte Wesen, das er abgeschossen hatte, kein Engel sei, sondern nur ein fliegendes Ungeheuer von bislang unbekannter Art, das sich aus einer anderen Gegend hierher verirrt habe. Er plädierte dafür, ihm die Kehle durchzuschneiden und ihn in den Abgrund zu werfen.

Der verwachsene Grauhaarige, der eine gewisse Autorität zu genießen schien, dachte anders darüber. Mit nachdenklicher Miene drehte er Zarqas Kristallstab in seinen Händen, fasziniert und beunruhigt von dem bläulichweißen Licht, das darin zuckte und flackerte.

»Vielleicht ist es ein Ungeheuer, aber es trägt Waffen wie ein Wesen aus der Oberwelt«, sagte er endlich. »Sieh her, Gulquond, und laß dein dummes Geplärre. Welches Ungeheuer trägt statt eines Schwerts einen gefangenen Blitz bei sich?«

Die anderen drängten näher und starrten in abergläubischer Furcht auf den Kristallstab mit dem lebendigen Licht im Inneren.

»Nein«, erklärte der ältere Mann, der von seinen Gefährten Kalkar genannt wurde. »Diese Angelegenheit ist zu wichtig, als daß wir darüber entscheiden könnten. Ich sage, wir bringen dieses Wesen in die Stadt. Soll Arjala entscheiden, wer oder was es ist.«

Die anderen nickten, alle bis auf Gulquond, und Kalkar fuhr fort: »Also gut, machen wir eine Bahre aus Stangen und Blättern. Und dann tragen wir ihn ganz sanft und vorsichtig, denn wenn er stirbt, bevor wir nach Ardha kommen, wird Arjala uns das Fell über die Ohren ziehen lassen, soviel ist sicher!«

Keiner von ihnen hatte auch nur ein einziges Wort an Zarqa gerichtet, obwohl sie inzwischen bemerkt haben mußten, daß er das Bewußtsein wiedererlangt hatte. Vielleicht fürchteten sie sich vor dem vermeintlichen Götterboten, oder sie dachten, daß ein solches Wesen der menschlichen Sprache nicht fähig sei. Zarqa verhielt sich still. Die Berührung durch einen fremden Geist mochte eine allzu schockierende Erfahrung für Männer sein, die bereits von abergläubischer Angst erfüllt waren.

Sie behandelten ihn sehr behutsam, zogen den Pfeil aus seinem Flügelgelenk und legten seinen gebrochenen Arm in eine Schlinge, die sie ihm an die Brust banden, damit sein Arm während des Transports in der Ruhestellung blieb. Dann betteten sie ihn auf die improvisierte Bahre, schnallten ihn fest und machten sich auf den Weg. Zweimal während des Marsches wurde Zarqa ohnmächtig, und aus der zweiten Ohnmacht erwachte er erst gegen Ende der Reise.

Und so trugen sie den geflügelten Mann hinunter zu dem Ast, wo ihre Reitlibellen festgemacht waren, und schnallten ihn auf ein Lasttier, das sie zur Beförderung der erhofften Jagdbeute mitgebracht hatten.

Stattdessen kehrten sie nun mit einem gestürzten Engel heim.

Mit dem Vorgefühl eines nahenden Verhängnisses erkannte Zarqa die Natur des imposanten Kuppelbaus im Herzen der Stadt Ardha, auf dessen Vorhof sie landeten.

Es war der Tempel der Götter, und diese Arjala, von der die Jäger gesprochen hatten, mußte die Hohepriesterin des Tempels sein. Und wer in ganz Ardha sollte besser wissen als die Hohepriesterin, daß er, Zarqa, kein Engel war?

Teil IV

Das Buch von Janchan aus Phaolon

16. Schwertergeklirr in der Nacht

Janchans Plan war die Einfachheit selbst. Das will sagen, er hatte keinen.

Karns Idee, sich als Söldner anwerben zu lassen, war genau die Art von unreifer Romantik, wie sie im Kopf eines impulsiven Jungen herumspukte. In diesem Stadium des Unternehmens dachte er nur daran, in die Stadt hineinzukommen und sich dort umzusehen, Informationen zu sammeln und sich bereitzuhalten. So könnte er jedem Hinweis, der erfolgversprechend aussah, in jede Richtung folgen.

Und wie sich zeigte, war das Betreten der Stadt überhaupt kein Problem.

Der äußere Stadtrand von Ardha und die daran anschließenden Teile der Stadt waren Slums, ein Armenviertel aus Schuppen und Hütten und Bretterbuden, die sich wie schutzsuchend aneinanderdrängten oder an den Mauern von Lagerhäusern lehnten, die den wackligen Bauwerken einen gewissen Halt boten. Janchan nahm seinen Weg durch dieses Viertel und gelangte so in die innere Stadt, ungesehen oder zumindest unbeachtet, eine alltägliche Gestalt in einem dunkelwollenen Umhang und dem schmucklosen und abgewetzten Lederwams eines Kriegers oder Jägers. Jedes vornehme Haus unterhielt seine eigenen bewaffneten Wachen, und als ein solcher Wächter konnte Janchan sich ausgeben, wenn jemand ihn fragte. Hätte jemand ihn beachtet, wie er unauffällig und weder zu schnell noch zu langsam durch die Straßen wanderte, wäre er für einen dienstfreien Wächter gehalten worden, unterwegs zu einer der Weinschenken oder Bierkneipen der Stadt. Tatsächlich lenkte Janchan, sobald er sich grob orientiert hatte, seine Schritte zu einem solchen Lokal.

Er fand es in einer Straße, die von zahllosen Wirtshäusern und Schenken gesäumt war, und entschied sich für das größte derartige Etablissement, das auch gut besucht war. Wo der Wein fließt, sagte er sich, lockern sich die Zungen, und wenn einer nüchtern bleibt und seine Ohren offen hält, kann er eine Menge nützlicher Informationen sammeln.

Das Lokal, für das er sich entschieden hatte, erwies sich als eine Kombination von Wirtshaus, Spielhölle und Bordell, das mit einem Innenhof unter kleinen blühenden Bäumen und Büschen prunkte. Es gab sogar einen Springbrunnen und einen künstlich angelegten Bach. Leises Lachen kam aus den Schatten der Büsche, und zwischen den Ästen schaukelten Reihen bunter Papierlaternen. Aus den geöffneten Fenstern der benachbarten Spielhalle drangen Gesang und Gelächter und die verwischten Klänge von Musikinstrumenten.

Der als Garten gestaltete Innenhof, überwiegend von Paaren bevölkert, die sich zu ihren Liebesspielen in lauschige Winkel zurückgezogen hatten, interessierte ihn nicht, er steuerte die Spielhalle an, als hinter ihm ein Schnalzen laut wurde, gefolgt von einem leisen Lachen. Er drehte sich schnell um, und seine Rechte tastete instinktiv nach dem Schwertgriff, aber dann blickte er in die amüsierten Augen einer jungen Frau. Sie war bemerkenswert attraktiv, üppig und geschmeidig zugleich, und trug kleine Glöckchen in ihrem silbrig gefärbten Haar.

»Habe ich dich erschreckt?« fragte sie lachend. »Das war nicht meine Absicht. Würdest du mir einen Becher Wein kaufen?«

Janchan war drauf und dran, das Angebot ihrer Gesellschaft abzulehnen und sie fortzuschicken, denn allzu enge Kontakte erschienen ihm zu diesem Zeitpunkt als zu gefährlich; doch innerhalb eines Augenblicks entschied er sich anders. Er war mit den lokalen Bräuchen nicht vertraut, und eine Ablehnung könnte ihn verdächtig machen.

So rang er sich ein Lächeln ab und sagte: »Warum nicht? Du gefällst mir, Mädchen. Unterhalten wir uns ein wenig.«

Sie nahm ohne Umschweife seinen Arm und führte ihn zu einer Bank unter einem der blühenden Bäume. Sie läutete eine Glocke und rief einen Kellner, der ihnen zwei Gläser mit stark gewürztem Wein brachte. Janchan schmeckte sofort, daß der Wein nur deshalb so intensiv gewürzt worden war, weil man ihn gehörig mit Wasser gestreckt hatte, aber das war ihm nur recht. Er prostete seiner Gefährtin zu und trank vorsichtig.

»Ich bin Kaola«, sagte das Mädchen. »Und der Preis für meine Gesellschaft ist ein Gambok für den Abend.« Sie sah ihn mit einem auffordernden Seitenblick an und fügte hinzu: »Wenn du mehr von mir willst, kostet es zwei Gambok extra.«

»Vielleicht später«, sagte er unbestimmt lächelnd und gab ihr die Münze, die sie einsteckte, obwohl er hätte beschwören mögen, daß ihre enthüllenden Kleider kein Versteck enthielten, das auch nur eine einzige Münze aufnehmen konnte. Sie tranken und plauderten, und Janchan sagte ihr seinen Namen und erzählte, er sei ein stellungsloser Krieger und mit der Hoffnung nach Ardha gekommen, in den Dienst irgendeines vornehmen Herrn zu treten. Als seine Heimatstadt gab er Kamadhong an, weil es ein Ort war, den er kannte und der weit genug entfernt war.

»Es sollte nicht allzu schwierig sein, eine solche Stellung zu finden«, sagt Kaola. »Die adligen Herren von Ardha sind ständig bemüht, einander in der Zahl ihrer Dienerschaft zu überbieten. Dazu kommt, daß sie in zwei rivalisierenden Gruppen ausgespalten sind. Die eine Gruppe steht hinter Akhmim, unserem angestammten Herrscher, während die andere, die die Tempelfraktion genannt wird, für die heilige Arjala ist.«

»So?« sagte er, scheinbar mäßig interessiert. »Und wer ist diese Arjala?«

»Die Inkarnation der Göttin und als solche die Priesterin des Tempels«, erklärte Kaola. »Zugleich ist sie die Braut des Herrschers, der sich nach dem Brauch mit ihr vermählen muß. Akhmim hat die Aufspaltung in zwei Parteien selbst verursacht, indem er mit der Tradition brach und statt ihrer eine andere zur Frau nehmen will.«

»Etwas davon ist mir auch zu Ohren gekommen«, sagte er. »Ich hörte, Akhmim sei darauf aus, die regierende Prinzessin von Phaolōn zu heiraten, um so seinen Machtbereich auszudehnen.«

Kaola lachte unbekümmert. »Das ist richtig. Er war sogar dort und hat offiziell um ihre Hand angehalten, wurde aber abgewiesen. Diese Schmach konnte er natürlich nicht auf sich ruhen lassen, und so bereitete er einen Kriegszug vor. Aber ehe der Angriff stattfinden konnte, fiel die Prinzessin von Phaolon in die Hände einer Bande von Gesetzlosen, die sie an Akhmims Abgesandte verkauften. Er soll eine Riesensumme für sie bezahlt haben. Daraufhin hätte er ihr wohl seinen Willen aufgezwungen und sie zu seiner Frau gemacht, doch die heilige Arjala kam ihm zuvor, in dem sie die gefangene Prinzessin entführen ließ.«

Janchan hörte sich das alles mit dem Anschein beiläufigen Interesses an; aber unter der Fassade von Gleichgültigkeit klopfte sein Herz vor Erregung.

»Nun, warum bringt Akhmim seine Prinzessin nicht an sich?« fragte er. »Was könnte die Priesterin machen, wenn er Soldaten schicken würde?«

»Arjala ist eine Inkarnation der Gottheit«, sagte Kaola. »Sie ist Akhmim nicht untertan und kann tun, was sie will. Aber er darf keine Gewalt gegen sie anwenden; das wäre ein Sakrileg, mit dem er die Gläubigen gegen sich aufbringen würde. Eine solche Tat könnte sogar seinen Thron ins Wanken bringen. Wie dem auch sei, als Akhmim auf einem Jagdausflug war, schickte Arjala die Tempelwächter in den Palast und ließ die Prinzessin unter dem Vorwand, sie wolle ihr im Tempel eine Freistätte bieten, herausholen. Dort hält sie sie nun gefangen, bei guter Behandlung, wie es heißt, während sie versucht, Akhmim mittels Druck auf den rechten Weg zurückzubringen. So ist es zu der Spaltung gekommen. Die eine Partei ist für Akhmims Hochzeit mit der Prinzessin, weil das die Macht Ardhas vergrößern und Ruhm und Reichtum bringen würde, die andere ist dagegen, weil sie befürchtet, der Bruch mit der Tradition werde die Götter erzürnen. Es ist alles sehr lustig; Akhmim kocht vor Wut, kann aber nicht offen gegen die Inkarnation der Göttin vorgehen; Arjala verabscheut Akhmim, muß ihn aber heiraten, um die von ihr selbst verteidigte Tradition zu wahren und die königliche Würde zu erlangen, nach der sie strebt. So blockieren sich beide Seiten gegenseitig, und der einzige Gewinner ist die Stadt Phaolon, die sonst schon lange unter unserer Belagerung gefallen wäre.«

»Eine sehr komplizierte Situation«, sagte Janchan gähnend. »Wie lange kann dieses Unentschieden dauern?«

Kaola zuckte die Achseln. »Nicht sehr lange, glaube ich. Die heilige Arjala hat sich vor kurzem mit der Zunft der Meuchelmörder verbündet, die in dieser Stadt sehr mächtig ist. Es heißt, daß sie Gurjan Tor, dem Oberhaupt der Zunft, für diese unheilige Allianz die gesamten Tempeleinkünfte eines Jahres versprochen hat. Wahrscheinlich hofft sie durch eine Serie von Morden die Fraktion des Königs ihrer führenden Köpfe zu berauben und so das Gleichgewicht der Macht zu verändern ... Willst du noch ein Glas?«

Janchan nickte, und das Mädchen griff zur Glocke. Aber im gleichen Augenblick kam ein unartikulierter Schrei von der anderen Seite des Innenhofs. Und einen Moment später hörte Janchan das Rascheln von Sandalen auf dem mit Holzspänen bestreuten Weg, gefolgt vom vertrauten Geklirr aufeinandertreffender Schwerter.

Er sprang auf, warf seinen Umhang über die Schultern zurück und lief in die Richtung des Kampflärms. Unterwegs zog er sein Schwert, und als er sich zwischen zwei Büschen durchzwängte, sah er sich mitten in einer bedrohlichen Szene.

Ein vierschrötiger Krieger in einem Überrock aus gelber Seide stand mit dem Rücken gegen einen Baumstamm gelehnt. Dunkles Blut troff aus einer Wunde in seiner rechten Schulter, und sein rechter Arm hing schlaff herab. In der Linken hielt er ein kurzes Schwert, mit dem er sich mühsam drei maskierte Männer in

Schwarz vom Leib hielt, die von drei Seiten zugleich auf ihn eindrangen.

Der Streit ging Janchan nichts an, aber er konnte nicht dastehen und zusehen, wie etwas geschah, das kaltblütigem Mord gleichkam. Seine Ritterlichkeit gebot ihm, sich auf die Seite des Verwundeten zu stellen, und so sprang er ohne Zögern aus dem Gebüsch und stürzte sich auf den nächstbesten Angreifer.

Der stämmige Mann in Gelb warf ihm einen überraschten Seitenblick zu, dann bleckte er die Zähne in grimmigem Lächeln.

»Willkommen, Freund«, schnaufte er. »Nur zu, wenn du ein bißchen Übung brauchst. Soll gut für den Appetit sein, heißt es.«

Janchan lachte und trieb seinen Gegner mit einem geschickten Ausfall zurück. Aber dann verdoppelten die drei Angreifer ihre Anstrengungen, und weder Janchan noch der verwundete Mann hatten genug Zeit und Atem für Scherze. Die Maskierten fochten ebenfalls schweigend — und sie waren erfahrene Kämpfer. Aber Janchans unerwartetes Auftreten hatte sie überrascht, und als es dem Phaolonier in kühnem Vorstoß gelang, einem von ihnen die Klinge durch den Schwertarm zu stoßen und ihn so kampfunfähig zu machen, gerieten die beiden anderen aus dem Tritt. Nach einer Weile gelang es dem Verwundeten, seinen strauchelnden Gegner im Nachsetzen das Schwert in den Oberschenkel zu treiben, und darauf hatten die drei genug vom Kampf und ergriffen Hals über Kopf die Flucht. Janchan sah sie in der Dunkelheit untertauchen, dann wandte er sich dem Verletzten zu, der schwer keuchte und dem seine Schulterverletzung sichtlich zu schaffen machte.

»Danke für die Hilfe, mein Freund«, keuchte der andere. Bevor Janchan antworten konnte, kamen zwei Männer in gelben Überröcken über den Hof gerannt, ihrem Kameraden zu helfen. Sie legten ihm einen Umhang um die Schultern und führten ihn in die Spielhalle, aber zuvor drückte er Janchan die Hand und gab ihm einen kleinen Gegenstand wie ein Abzeichen.

»Nach deinem Aussehen stehst du für niemandes Diensten«, sagte er. »Komm morgen zur Frühstückszeit zu mir, und ich werde dich belohnen, so gut ich kann.«

Als die zwei ihren verwundeten Kameraden wegführten, blieb Janchan mit nachdenklichem Lächeln zurück. Er hatte offensichtlich einen Freund gewonnen; aber er hatte keine Ahnung, wer dieser Mann war. Achselzuckend wandte er sich um und kehrte zu der Bank zurück, wo Kaola auf ihn wartete.

»Großartig!« lachte das Mädchen. »Du hast anscheinend die Gabe, dir einflußreiche Freunde zu machen. Oder weißt du vielleicht nicht, wer der Mann war, den du vor den drei Meuchelmördern gerettet hast?«

»Nein«, sagte Janchan. »Ich habe ihn nie gesehen.«

»Nun, das war Unggor, der Hauptmann von Akhmims Leibwache.«

17. Die Botschafter des Himmels

Janchan verbrachte die Nacht in einer Herberge, wo er für kleine Münze ein Schlafabteil mit einer Matratze mietete. Früh am nächsten Morgen eilte er zum Palast und suchte das Quartier der Leibwache, wo er das Abzeichen vorzeigte und sofort zum Hauptmann geführt wurde, der halb sitzend in einem Haufen von Kissen ruhte, die Schulter dick eingehüllt in Verbände.

Unggors schwartiges Gesicht leuchtete auf, als er Janchan erblickte, und er begrüßte ihn mit lautem Willkommen, bestellte zwei Portionen Frühstück und lud Janchan ein, sich zu ihm zu setzen.

»Meine Leute brachten mich gestern abend so schnell weg, daß ich keine Zeit hatte, dir angemessen für deine wertvolle Hilfe zu danken; erlaube mir also, daß ich es jetzt tue. Ich fürchte, daß es mir ohne dein Eingreifen übel ergangen wäre.«

»Du brauchst nicht zu danken«, erwiderte Janchan lächelnd. »Drei gegen einen habe ich immer schon als unfair empfunden. Was macht deine Wunde?«

Unggor versuchte, die Schultern zu heben, aber der plötzliche Schmerz ließ ihn zusammenzucken. »Eine Kleinigkeit, aber es wird Tage dauern, bis ich meinen Schwertarm wieder gebrauchen kann.« Er machte eine einladende Geste zu dem schwerbeladenen Tablett, das ein Untergebener hereintrug und auf den niedrigen Tisch zwischen sie stellte. Janchan war ausgehungert und ließ sich nicht lange bitten. Geräucherter Fisch, kaltes Roastbeef und Käse waren lang entbehrte Delikatessen, und der Hunger machte sie doppelt schmackhaft. Während sie aßen, betrachteten sie einander mit dem augenzwinkernden Einverständnis alter Kampfgefährten.

Unggor war ein bereits angegrauter Veteran mittleren Alters, untersetzt und breitschultrig, mit scharfen grauen Augen und kantigem Kinn, das von einer alten Messernarbe gezeichnet war. Sein Benehmen war barsch und direkt, aber er war offensichtlich ein rechtschaffener Mann, der sich in Janchans Schuld fühlte und bereit war, Gutes mit Gutem zu vergelten.

»In welcher Weise kann ich mich erkenntlich zeigen?« fragte er. »Ich bin mir bewußt, daß ich dir mein Leben verdanke, und wenn ich dir das auch nicht in gleicher Weise vergelten kann, so will ich doch für dich tun, was in meinen Kräften steht.«

Janchan lachte. »Um ehrlich zu sein, du könntest mir eine Stellung verschaffen. Ich bin seit zwei Tagen hier in Ardha, und mein Geldbeutel ist ziemlich leer.«

»Nichts lieber als das«, sagte Unggor erfreut. »Du bist ein anständiger Kerl und kannst mit dem Schwert umgehen. Du scheinst intelligent und wortgewandt zu sein, und ich vermute, daß du eine gute Ausbildung hattest. Wo hast du gedient, bevor du nach Ardha kamst, und als was?«

»Ich bin aus Kamadhong, wo ich Leutnant der Stadtwache war«, sagte Janchan.

»Und warum hast du einen so guten Posten aufgegeben?«

Janchan grinste kläglich. »Der Oberst der Stadtwache hatte eine junge Frau, die mich zu gern in ihrer Nähe sah. Der Oberst entließ mich aus dem Dienst und gab mir zu verstehen, daß ich gut daran täte, mich in Kamadhong nie wieder sehen zu lassen. So kam ich hierher, in der Hoffnung, daß mein Geschick eine Wendung zum Besseren nehmen werde.«

Unggor nickte und betrachtete ihn nachdenklich.

»Warum nach Ardha und nicht nach Phaolon?« fragte er listig. »Es wäre eine kürzere Reise gewesen.«

»Kürzer vielleicht, aber auf lange Sicht möglicherweise unklug. Denn wir hatten in Kamadhong Gerüchte gehört, wonach Phaolon durch eine Invasion oder Belagerung durch die Ardhanesen bedroht sei.«

»Um so leichter hättest du dort Arbeit gefunden«, sagte Unggor. »Eine Stadt in Kriegsgefahr braucht Söldner und bezahlt sie gut.«

Janchan schwitzte unter seinem ledernen Panzer, gab sich aber weiter unbekümmert und gelassen. Der Hauptmann der königlichen Leibwache war kein Dummkopf; bei aller Dankbarkeit wollte er wissen, wen er einkaufte.

»Das mag sein«, sagte Janchan lächelnd. »Aber ich ziehe es vor, mich von der Seite des Gewinners anwerben zu lassen. In einem ungleichen Kampf zögere ich nicht, dem Bedrängten gegen die Übermacht beizuspringen, aber Heldentum hat seine Grenzen, und im Krieg bin ich lieber auf seiten des Siegers.«

Unggor lachte laut und schlug mit seiner gesunden Hand aufs Knie.

»Eine ehrliche Antwort, und eine, die ich verstehe«, sagte er. »Nun, mein lieber Freund, unglücklicherweise kann der königlichen Leibwache nur angehören, wer Ardhanese und von edler Geburt ist. Aber ich habe das Recht, mir ein eigenes Gefolge zu halten, und du kannst in meinen persönlichen Dienst treten, wenn du willst. Kleidung und Quartier werden von unserem königlichen Herrn gestellt, und dein Gehalt sind zehn Gambok im Monat, bei freier Verpflegung natürlich. Was sagst du dazu?«

»Ein hungriger Mann ist ein williger Arbeiter«, erwiderte Janchan. »Hauptmann, ich stehe zu Ihren Diensten!«

Janchan wurde ohne weitere Umstände in den Dienst aufgenommen und erhielt ein Quartier in der Kaserne der Leibwache. Unggors Stellvertreter, ein großer, mürrisch blickender Oberleutnant namens Ultho, sorgte dafür, daß er mit Kleidern, Bettzeug und Wertmarken für die Kantine versorgt wurde, dann überließ er ihn bis zur mittäglichen Musterung sich selbst. Janchan bezog eine winzige Kammer mit einem Strohsack aus Blattfasern und einem Kleiderspind. Seine neue Uniform bestand aus einem Küraß und einem Helm mit schwarzem Helmbusch, einem langen gelbseidenen Umhang mit dem schwarzen Wappen Akhmims und einem Überrock mit Hose, gleichfalls in gelb und schwarz. Wenn er im Dienst war, bekam er von der Rüstkammer Schild, Speer und Stiefel ausgehändigt.

Das persönliche Gefolge des Hauptmanns der königlichen Leibwache bestand bisher aus vier – jetzt aus fünf – Männern unterschiedlicher Herkunft. Unggor hatte sie nicht nach ihrer gesellschaftlichen Stellung, sondern nur nach ihrer persönlichen Loyalität und ihrer Kampferfahrung ausgewählt, und Janchan fand das zwanglose Klima innerhalb der kleinen Gruppe angenehm und erfrischend. Er hatte nie viel von dem streng aristokratischen Kastensystem, das ihm aus seinen Tagen in Phaolon vertraut war, gehalten, einem System, in dem allein Name und Geburt zählten und alle persönlichen Tugenden und Vorzüge nicht für eine Verbesserung des sozialen Status ausreichten, wenn ihr Träger mit dem Mangel einfacher Herkunft behaftet war. Je länger Janchan sich in Ardha aufhielt, desto klarer wurde ihm, daß die durchlässigere Gesellschaftsstruktur dieser Stadt den in Verknöcherung erstarrten Verhältnissen in Phaolon bei weitem überlegen und vorzuziehen war.

Seine Pflichten waren weder anstrengend noch schwierig. Jeden dritten Tag stand er Nachtwache vor der Wohnung seines Hauptmanns, und wenn Unggor in der Stadt oder am Hof zu tun hatte, mußten er und seine Kameraden ihn begleiten und vor der immer gegenwärtigen Gefahr eines Mordversuchs schützen. So hatte Janchan mehrmals Gelegenheit, den Tyrannen von Ardha aus der Nähe zu sehen. Dieser Akhmim war ein hochgewachsener, hagerer Mann, in dessen Zügen Machthunger und Askese eine merkwürdige Ehe eingegangen waren, ein Mann mit kalten Augen und hartem Mund, scharfzüngig und mißtrauisch.

Er litt sichtlich unter der ausweglosen Situation, in die Arjalas intrigante Taktik ihn gebracht hatte, und Janchan begleitete Unggor zu vielen Beratungen, die sich mit Plänen zur Aufsplitterung der Tempelfraktion beschäftigten.

Diese Arjala, erfuhr er, war die Erzpriesterin des Tempels — ein erbliches Amt — und galt seit ihrer Geburt als Reinkarnation der Schutzgöttin von Ardha, obgleich sich zeigte, daß Akhmim und seine Berater aufklärerische Zweifel an ihren göttlichen Eigenschaften hatten, die sie ungeniert äußerten.

Reinkarnation der Gottheit und somit höchstes Oberhaupt der ardhanesischen Religion zu sein, sollte selbst den ehrgeizigsten Appetit befriedigen, dachte Janchan. Aber Arjala wollte sich offenbar erst zufriedengeben, wenn sich zu ihrer geistlichen Autorität die weltliche gesellte. Wie es schien, war ihr sehnlichster Wunsch, Königin von Ardha zu sein. Gegenwärtig hielten sie und Akhmim einander in ihrem Machtkampf die Waage. Aber es sollte nicht lange dauern, bis dieses Gleichgewicht der Kräfte eine überraschende Veränderung erfuhr . . .

Das Fest der göttlichen Vereinigung rückte näher, und die Angehörigen der Leibwache wurden für diesen Anlaß mit Prunkuniformen ausgestattet. Dieses Ereignis feierte die Geburt der Göttlichen Dynastie, die sowohl die Oberwelt als auch die Unterwelt regierte, und das Festprogramm bestand aus Prozessionen, religiösen Zeremonien, Gelagen und Flugwettkämpfen. Da Akhmim besondere Gründe hatte, die königliche Autorität und Macht herauszustreichen, scheute er keine Ausgaben, um sicherzustellen, daß seine Prozession alle anderen an Glanz und Prachtentfaltung überstrahlte, besonders aber diejenige, die von Arjala inszeniert wurde.

Die Schatzkammer wurde geöffnet, und die Männer der königlichen Leibwache nahmen ihre kostbaren Ausrüstungen in Empfang. Jeder erhielt einen Küraß aus geschliffenen Platten eines schwefelgelben Kristalls. Die Helme waren ganz aus dem wertvollen schwarzen Metall, und es gab kostbar bestickte Umhänge mit heraldischen und pflanzlichen Motiven in Schwarz auf schwerer gelber Seide. Der Herrscher selbst würde in seinem muschelförmigen, juwelenfunkelnden Prunkwagen fahren, gezogen von zwei prächtig aufgeputzten zahmen Schuppenechsen, drachenartigen exotischen Ungeheuern von großer Seltenheit. Janchans Kameraden waren überzeugt, daß alle anderen Prozessionen vor dieser Schaustellung verblassen würden. Besonders die vom Tempel ausgerichtete Prozession würde keinen Vergleich damit aushalten, so viel stand für jedermann fest.

Die tatsächlichen Ereignisse sollten indes ein anderes Bild zeigen.

Der Festtag brach an. Der Morgen war hell und klar. Fanfaren erklangen, Banner wurden entrollt und ließen ihren heraldischen Reichtum in der Morgenbrise leuchten; Kinder bestreuten die Prozessionsstraße Ardhas mit Blumen. Glitzernd im Sonnenlicht zog die königliche Prozession aus dem Palasthof und die Hauptstraße der Stadt entlang, den Weg der Ptolier, wie sie genannt wurde.

Zur gleichen Zeit wurde das Tor des Tempelbezirks aufgestoßen, und die heilige Arjala wurde von zwanzig gepanzerten Soldaten der Tempelwache in einer Prunksänfte herausgetragen. Sie war eine hübsche Frau mit einer wallenden, weißgoldenen Mähne und im metalldurchwirkten, edelsteinbesetzten Ornat der Erzpriesterin. Auf dem Kopf trug sie einen eigenartig anmutenden zylindrischen Hut, und ihre Hände hielten die Attribute der Göttin, ein mit Rubinen besetztes Rad und einen stilisierten Blitz. Priester, Ehrenjungfrauen und weitere Soldaten der Tempelwache gaben ihr das Geleit, schwenkten Weihrauchkessel und sangen monotone Litaneien, die von blütenbekränzten Flötenspielern und Beckenschlägern untermalt wurden.

Vor Arjalas Sänfte schritt ihr Oberpriester und Zeremonienmeister, ein großer, breitschultriger Mann von finsterer Würde, der mit Stentorstimme jeden neuen Gesang einleitete.

Beide Prozessionen — denen die weniger aufwendigen des lokalen Adels und der Zünfte folgten — näherten sich aus entgegengesetzten Richtungen dem Forum der Ptolierkönige im Herzen der Stadt. Die Prozession des Königs begeisterte die Bevölkerung durch ihren Glanz und ihre Machtentfaltung, und die Zugtiere des Prunkwagens sorgten für das sensationelle Moment der eindrucksvollen und ehrfurchtgebietenden Schau. Doch die Prozession der Arjala erfüllte die staunenden Zuschauer mit Scheu und abergläubischer Angst, und das nicht wegen der Inkarnation der Göttin, die sie schon öfters gesehen hatten, sondern aus einem ganz anderen Grund. Die beiden feierlichen Züge trafen sich auf dem Platz, und eine merkliche Unruhe ging durch die Reihen der Gefolgsleute des Königs, als sie sahen, was neben Arjala in der Sänfte saß. Stille senkte sich über die Menschenmenge. Akhmim erbleichte und nagte verdrossen an seiner Unterlippe.

Durch die Stille dröhnte die tiefe Stimme des Oberpriesters in feierlich getragenem Tonfall.

»Siehe, o König von Ardha! Seht, ihr geliebten und treuen Untertanen! Die Herren der Oberwelt haben die heilige Göttin Arjala vor allen Sterblichen geehrt. Der Tag ihrer göttlichen

Apotheose ist gekommen. Die Götter verlangen, daß ihr Wille geschehe und die zeremonielle Vereinigung von König und Göttin nunmehr ohne Verzug gefeiert werde! Seht den gesegneten Himmelsboten, der aus der Oberwelt herabgestiegen ist, den Willen der Götter zu verkünden!«

Selbst für Akhmims loyalste Anhänger konnte es in diesem verwirrenden Augenblick keinen Zweifel an der Wahrheit dieser Worte geben, denn neben Arjala in der Hand die heilige Fakkel, die sein Emblem war, saß ein geflügelter und schrecklicher Engel neben der Inkarnation der Göttin.

Und nur Janchan kannte ihn als Zarqa, den Geflügelten, aus der toten Stadt Sotaspra.

18. Eine gefährliche Mission

Arjala hatte ihre Apotheose mit einem untrüglichen Instinkt für dramatische Wirkung inszeniert. Als die Jäger den gefangenen Kaludh zu ihr gebracht hatten, hatte sie sofort erkannt, was er war, denn sie hatte die alten Legenden über seine Rasse gelesen. Und obwohl sie die geflügelten Männer immer für Gestalten des Mythos ohne historischen Hintergrund gehalten hatte, war sie klug genug, sofort ihre Meinung zu ändern, als die Indizien das Gegenteil bewiesen.

Der Kaludh hatte hinreichende Ähnlichkeit mit den Engeln, die in ihrer Religion als Diener und Boten der Götter fungierten, um als einer von ihnen gelten zu können, besonders, wenn man ihn ein wenig zurechtmachte. Es erschien ihr sogar wahrscheinlich, daß die Engel der religiösen Legenden auf frühen Erinnerungen der Laonesen an die letzten Kaludhas beruhten. Denn in den heiligen Schriften wurden diese himmlischen Boten als geflügelte Männer in goldenen Rüstungen beschrieben, größer und edler als sterbliche Menschen, mit wallenden Bärten und wehenden Haaren. Die Mär von der goldenen Rüstung war zweifellos auf die lederige, bräunlichgoldene Haut der nackten Kaludhas zurückzuführen, während die Bärte und Haare wahrscheinlich auf phantastischer Ausschmückung beruhten.

Zarqa war zwölf Tage vor dem Fest der göttlichen Vereinigung in Arjalas Gewalt gekommen, und sie wäre nicht gewesen, wer sie war, hätte sie nicht augenblicklich begriffen, welch ein dramatischer Coup es sein würde, bei der Prozession in Begleitung eines himmlischen Gesandten zu erscheinen. Zarqa war noch keine Stunde in ihrem Gewahrsam, als sie auch schon begann, mit Befehlen um sich zu werfen. Ihre beiden Ärzte mußten Tag und Nacht am Lager des Geflügelten ausharren, um seine Verletzungen zu kurieren, und das gesamte Tempelpersonal wurde zu strikter Geheimhaltung verpflichtet. Sie drohten jedem die Todesstrafe an, der auch nur ein Wort über dieses Geschenk des Himmels verriete, und ihre Leute, die das aufbrausende Temperament ihrer Herrin nur zu gut kannten und mehr als einmal ihren Zorn gefühlt hatten, gehorchten. Nicht die leiseste Andeutung der bevorstehenden Enthüllung erreichte die Ohren von Akhmims Spionen.

Der Festtag ging vorüber. Die zeremoniellen Opfer, Tänze und Spiele, die Wettflüge und Geschicklichkeitsvorführungen der Libellenreiter, das Festmahl, die neuerlichen Opfer und Gesänge — Akhmim ließ alles über sich ergehen, innerlich siedend, von Frustration gepeinigt. Er saß in der Loge der Ehrentribüne, die selbstgefällig lächelnde Arjala an seiner Seite, und mußte sich während der traditionellen Opferriten wiederholt ehrerbietig vor ihr verneigen, eine beinahe unerträgliche Demütigung, ebenso wie die sich an seinem Unbehagen weidenden Blicke, die sie ihm von Zeit zu Zeit zuwarf, oder die sittsamen, in gespielter Schüchternheit vorgetragenen Bemerkungen, die sie über ihre bevorstehende Hochzeit machte. Er konnte nichts tun als nicken und lächeln; aber als das Fest endlich vorüber und er in den Palast zurückgekehrt war, tigerte er wie eine gereizte Bestie in seinem Sitzungssaal auf und ab und rief seine Berater und Adjudanten zu sich, unter ihnen Unggor, mit Janchan in seinem Gefolge.

Ein Plan nach dem anderen wurde vorgetragen, diskutiert und verworfen. Akhmim war nicht darüber erhaben, Arjala vergiften oder auf eine andere Art und Weise beseitigen zu lassen, aber man machte ihn darauf aufmerksam, daß sie die Zunft der Meuchelmörder bereits in ihren Dienst genommen hatte, und daß es niemand sonst gab, der für eine solche Tat in Frage kam.

Einer der königlichen Ratgeber hatte jedoch einen Plan, der eingehendere Erwägung verdiente. Dieser Mann, ein dicker, sanftmütiger Buddha, war Kämmerer des Tyrannen und hörte auf den Namen Onqqua.

»Herr, wenn es nicht möglich ist, Arjala zu beseitigen, so ist damit noch nichts über den Engel gesagt«, schnaufte er. »Statt ihrer könnten wir uns seiner annehmen.«

Akhmim warf ihm einen prüfenden Blick zu. »Sprich weiter!« befahl er.

Der dicke kleine Kämmerer rieb sich die Hände und blickte in die Runde.

»Ich darf wohl voraussetzen, daß kaum einer unter uns so leichtgläubig ist, der Version Glauben zu schenken, diese geflügelte Kreatur sei tatsächlich ein Engel. Was immer es sein mag, es ist ein Lebewesen und als solches wahrscheinlich ein Bewohner des oberen Luftraums. Entweder wurde es von Arjalas Leuten gefangen, oder sie hat es von irgendwem gekauft. Nun, die Kreatur hat jedenfalls das Licht der Intelligenz in den Augen; ich habe sie sorgfältig studiert. Aber ob es sich bloß um ein menschenähnliches und geflügeltes Tier handelt, oder um eine Art von intelligentem Wesen, zweifellos wünscht es seine Freiheit. Nun, ich schlage vor, daß wir sie ihm geben sollten.«

»Und was soll das bewirken?« warf Akhmim ungeduldig ein.

Der Kämmerer lächelte ein sanftes Lächeln und breitete seine beringten Hände aus. »Nun, das arme Wesen würde nach Haus fliegen, nicht wahr? Und Arjala wäre ohne ihren Engel, könnte ihm nicht mehr vor den Leuten zur Schau stellen. Ihre Apotheose, ihre Interpretation der göttlichen Botschaft, ihr übernatürlicher Beistand — alles wäre dahin. Ihr Wort würde gegen das unsrige stehen, denn wer wollte beweisen, daß Arjala den Befehl richtig verstanden hat, den der gesegnete Bote der Oberwelt brachte? Wer hat den Engel reden hören? Kein Mensch! Die Leute haben nur gehört, was der Oberpriester verkündet hat, dieser gravitätische Dummkopf.«

»Nun, wer kann beweisen, daß sie den Befehl nicht richtig verstand?« knurrte Akhmim.

»Wir, Herr. Denn wir können einer Erklärung verbreiten, daß der Engel am Abend des Festtags den Tempel verließ und in Eure Gemächer flog, um Euch zu sagen, daß Arjala in ihrer Hast und Ungeduld den wesentlichen Inhalt seiner Götterbotschaft mißverstand. Der eigentliche Sinn ihrer Apotheose oder Verklärung sei vielmehr, daß die Götter sie zu sich in die Oberwelt zu erheben wünschten, auf daß sie dort eine der ihren werde. Das würde bedeuten, Herr, daß sie sterben muß, um in den Götterhimmel einzugehen . . .«

Glanz kam in Akhmims Augen.

»Nicht übel, Onqqua . . . wirklich, gar nicht schlecht . . . aber wird jemand die Geschichte schlucken?«

Der kleine Buddha lächelte mild.

»Alle werden sie glauben, Herr — weil Arjala nicht in der Lage sein wird, den geflügelten Götterboten persönlich vorzuführen, um Eure Behauptung zu widerlegen, daß er sie verließ und Euch aufsuchte.«

Akhmim rieb sein Kinn. Ein zögerndes Lächeln erschien in seinem Gesicht.

»Ich sehe beträchtlichen Verdienst in diesem deinem Plan,

Onqqua«, meinte er sinnend. »Ja, es spricht vieles dafür. Aber wer soll sich in den Tempelbereich stehlen und das fliegende Wesen befreien, nachdem die Meuchelmörder sich zur Unterstützung des Tempels verpflichtet haben?«

»Vorzugsweise jemand, der den Tempelpriestern unbekannt ist. Jeder gewöhnliche Bürger kann zu jeder Stunde des Tages oder der Nacht ungehindert die Heiligtümer besuchen. Das Eindringen in den Tempelbereich bietet also keine Schwierigkeiten. Sobald das geschehen ist, bedarf es freilich einiger Intelligenz, Gewandtheit und List, um von dort in den Wohnbereich zu gelangen und die Räume ausfindig zu machen, in denen das fliegende Wesen gefangengehalten wird. Darum schlage ich vor, daß wir einen Mann beauftragen, der die erwähnten Eigenschaften besitzt und dessen Gesicht dem Tempelpersonal nicht bekannt ist. Und selbstverständlich darf es niemand sein, der sich in der Vergangenheit mit unserer Fraktion identifiziert hat.«

»Ja, es wird besser und besser, mein lieber Onqqua«, sagte der Tyrann mit schlauem Lächeln. »Aber — wo finden wir einen solchen Mann?«

»Er steht vor Euch, o König«, sagte Janchan von Phaolon.

Der Tempel lag ungefähr zwei Kilometer vom Palastbezirk entfernt am anderen Ende der Stadt. Die Straßen waren voll von feiernden Bürgern, und noch voller waren die Schenken und Wirtshäuser an diesem Festtagsabend. Janchan, unauffällig in dunkler, schäbiger Kleidung und einem braunen Umhang, drängte sich durch das Gewühl der Hauptstraße, bog in eine der zahlreichen Seitengassen und folgte einer der Hauptstraße parallel verlaufenden Gasse, die weniger belebt und kaum beleuchtet war, zum Tempelbezirk. Mit dem unsicheren Schritt des Angetrunkenen überquerte er dann den Vorplatz, erstieg die Stufen und betrat den gedrungenen Kuppelbau.

Weihrauchschwaden hingen in der dämmerigen Weite des Raums unter der Hauptkuppel; Votivlampen glommen wie glühende Augen aus dem Halbdunkel; von den Wänden und der Kuppelwölbung kam das Echo des Scharrens vieler Füße, die sonoren Anrufungen der Priester, die gemurmelten Gebete Hunderter von Gläubigen.

Janchan umging das Hauptheiligtum und schlenderte zu den Nebenaltären jenseits der Zentralkuppel, die von der großen Halle durch eine Art Lettner in Form einer reich mit Skulpturen geschmückten Säulenarkade getrennt war. Hier waren weniger Andächtige, und die Dunkelheit war tiefer. Nach kurzer Suche betrat er das Nebenheiligtum mit dem Altar des Spinnengottes, das dunkel und verlassen war. Er schlug die Kapuze seines Umhangs über den Kopf, zog sich dünne schwarze Handschuhe über die Finger, sprang hoch und erreichte mit den Händen die Zwischenräume in der Rückwand. Dann begann er, sie leise Hand über Hand zu erklettern.

Es war nicht so schwierig, wie er sich das vorgestellt hatte. Die Wand war allenthalben von kunstvoll ornamentiertem Gitterwerk durchbrochen und bot ausgezeichnete Griffe. Der Übergang vom oberen Ende des Gitterwerks über eineinhalb Meter glatte Wand auf einen vorspringenden Mauersims war wesentlich schwieriger, aber Janchan konnte sich mit beiden Händen hochziehen, und die Simsoberseite war breit genug, daß er frei darauf stehen konnte.

Immer auf diesem Sims bleibend, arbeitete er sich um einen der vier mächtigen Hauptpfeiler, die das Gewölbe der großen Kuppel trugen. Die Gefahr, gesehen zu werden, war gering, denn die Gläubigen tief unter ihm waren auf ihre Andacht konzentriert, und er würde schwierig zu sehen sein, eine schattenhafte dunkle Gestalt in den tiefen, weihrauchverhangenen Schatten unter der großen Kuppel.

Er erreichte die Seite, auf der eine dunkle Galerie mit Säulenarkaden in der Art einer Empore war, überkletterte die Balustrade und gelangte nach Durchquerung der leeren Empore durch eine rückwärtige Tür in einen Korridor. Dieser Teil der Tempelanlage, so hatten ihn die Berater des Königs instruiert, war der Wohnbau für die Priester und das Personal des Tempels. Irgendwo in diesem oder dem Geschoß darüber würde er wahrscheinlich den eingesperrten Zarqa finden.

Und die Prinzessin Niamh ... aber Akhmim wußte nichts von seinen Hoffnungen und Absichten in dieser Richtung. Denn Janchan hatte den kühnen Plan, in dieser Nacht die Befreiung von zwei Gefangenen zu bewerkstelligen, nicht nur von einem.

Der Korridor war nicht nur menschenleer, er war auch schlecht beleuchtet, nur ein paar dicke Kerzen brannten auf ihren Wandhaltern, und sie waren zu weit auseinander, um mehr als eine Milderung der Dunkelheit zu bewirken. Er schlich verstohlen durch den Korridor und konzentrierte seine Gedanken auf Zarqa, bemüht, ihn telepathisch zu rufen.

Plötzlich hielt er inne, stand mit angehaltenem Atem und lauschte durch das Pochen in seinen Schläfen.

Hinter der Tür, bei der er haltgemacht hatte, war ein Geräusch wie unterdrücktes Schluchzen zu hören. Janchan wußte, daß Zarqa keine Stimmbänder hatte, und außerdem kam dieses gedämpfte Weinen aus dem Mund einer Frau. Einer plötzlichen Eingebung folgend, legte er sein Auge an das verborgene Guckloch und spähte hindurch.

Und sah Niahm die Liebliche, die langgesuchte Prinzessin von Phaolon!

19. Kampfgefährten

Die Tür war aus schwerem Holz und reich mit Schnitzwerk geschmückt, und – sie war von außen verriegelt! Es war die Sache eines Augenblicks, den Riegel zurückzuziehen, die Tür zu öffnen, hineinzuschlüpfen und sie leise wieder zu schließen.

Die Prinzessin schien in einem ziemlich jämmerlichen Zustand zu sein, auch wenn sie auf einem seidenbezogenen Diwan lag. Als sie die Tür gehen hörte, blickte sie auf, und ihre großen, tränennassen Augen weiteten sich vor Angst, als sie der schwarzen Gestalt ansichtig wurde, die wie ein Phantom hereingeglitten war. Dann zog der Eindringling die Kapuze vom Kopf und kam auf Zehenspitzen näher, und zu ihrer Verblüffung sah sie die Züge eines Mannes, der ihr wohlbekannt war.

»Ist es – kann es sein . . . ?« stammelte sie.

Der Mann verneigte sich mit höfischem Zeremoniell und ging vor ihr auf ein Knie nieder.

»Es ist Janchan aus dem Haus Ptolnim, der vor Euch kniet, Prinzessin! Euer Diener und Euer Sklave.«

Das Mädchen war benommen wie jemand, der aus einem Traum erwacht und nicht genau weiß, ob der Traum noch andauert, oder ob er der Realität Platz gemacht hat.

»Janchan . . . hier?« murmelte sie verwirrt.

»Ich bin nur einer von mehreren, Prinzessin, die sich aufgemacht hatten, Euch zu suchen«, sagte er.

Sie hob ihre schmalen Hände und strich ihr langes Haar aus der Stirn.

»Aber . . . wie seid Ihr hierhergekommen, Janchan, in die Zitadelle meiner Feinde?«

»Prinzessin – jetzt ist keine Zeit für Fragen, und noch weniger für Antworten! Wir müssen schnell fort von hier, bevor meine Anwesenheit entdeckt wird. Habt Ihre einen Umhang und eine Kapuze oder ein Tuch, Euer Gesicht zu verbergen?«

Sie zeigte zu einem Kleiderschrank auf der anderen Seite des schlechtbeleuchteten Raums. Janchan lief hinüber und durchwühlte hastig den Inhalt, zog einen langen, nachtblauen Frauenumhang heraus und warf ihn ihr recht unzeremoniell zu, suchte weiter und fand ein dunkles Schultertuch, daß er ihr reichte.

»Schnell, legt diese Sachen an«, sagte er hastig. »Ich suche noch einen zweiten Gefangenen, der hier in der Nähe sein könnte. Wißt ihr nichts von einem geflügelten, goldhäutigen Mann, der . . .«

»Ihr meint denjenigen, den Arjala ihren Engel nennt?«

»Genau das ist er!« sagte Janchan erleichtert. »Wo wird er festgehalten?«

Die Prinzessin wußte nur, daß er sich im Stockwerk über ihr befand. Janchan überlegte. Wenn er mit der Prinzessin hinaufging, könnte es gefährlich werden, und ihre Gegenwart wäre ihm nur hinderlich, wenn er es mit einem Wächter zu tun bekäme. Vielleicht war es ratsamer, sie zunächst hier zurückzulassen, die Tür wieder zu verriegeln um nach Zarqas Befreiung wiederzukommen und sie herauszuholen. Er sagte es ihr mit kurzen Worten, und sie war einverstanden, schlüpfte wieder aus ihrem Umhang und legte ihn bereit.

»Ist Euer Zimmer immer unbewacht?« fragte er.

Sie antwortete, daß sonst zwei Wachtposter Tag und Nacht vor ihrer Tür stünden. Wenn sie an diesem Abend fehlten, müsse es daran liegen, daß sie wegen des Festtags anderweitig Dienst hätten.

»Und was ist mit dem mächtigen Chong?« fragte er. »Wurde er mit Euch gefangen? Ist er in der Nähe eingesperrt?«

Ihr Gesicht, elfenhaft zart und blaß, wurde bekümmert, ein alter Schmerz schien in ihr aufzubrechen; Tränen traten ihr in die Augen.

»Er . . . er ist tot. Er verteidigte mich, als wir unsere Flucht aus dem Dorf der Gesetzlosen wagten«, sagte sie mit leiser, stockender Stimme. »Bevor er entkommen konnte, töteten sie ihn.«

»Tot! Welch ein Verlust! Ich teile Eure Trauer um den tapferen Helden, Prinzessin. Aber nun muß ich fort, denn es gibt noch viel zu tun, und die Nacht ist allzu kurz.«

Er salutierte und verließ den Raum so leise, wie er ihn betreten hatte. Sein Herz pochte glücklich und erregt, neue Kraft und Zuversicht beseelten ihn. Er hatte gehofft, Niamh und Zarqa zu finden und zu befreien, und nun schien es, daß die Götter mit ihm waren und seinem kühnen Unternehmen zum Erfolg verhelfen wollten!

Die Treppe zum oberen Geschoß war so leer wie der Korridor. Janchan erstieg sie auf Zehenspitzen, eine Hand am Heft des Kurzschwerts, und das Glück blieb ihm treu. Ohne große Mühe fand er Zarqas Gefängnis; nur eine der kunstvoll geschnitzten Türen war mit einem schweren Riegel gesichert, den er zurückzog.

Im Innern fand er Zarqa auf einem Himmelbett liegend. Man hatte seine Arme und Beine an die vier Bettpfosten gefesselt. Der traurig blickende Kaludh zeigte keine Überraschung, als Janchan zu ihm kam; er hatte seine Annäherung bereits telepathisch wahrgenommen.

Janchan durchschnitt die Fesseln mit dem Schwert und half Zarqa auf. Die ungleichen Freunde umarmten einander.

›Wie du sehen kannst, hat man mich mit Luxus umgeben. Trotzdem sehnt der gefangene Vogel sich in die Freiheit zurück, mag der Käfig auch aus Gold sein.‹

Janchan lächelte. Arjala hatte ihren himmlischen Gefangenen wirklich in einer luxuriösen Zelle inhaftiert, denn die Wände waren mit seidenen Tapisserien behangen, und auf Tischen mit kostbaren Einlegearbeiten standen Tabletts mit Früchten, Süßigkeiten, kristallenen Weinkaraffen und Gläsern. Dicke Teppiche bedeckten den Boden.

»Haben sie dich immer so gefesselt?« frachte Janchan.

›Nein, nein. Bis heute konnte ich mich frei hier bewegen. Aber als ich nach dem Festumzug zurückgebracht wurde, fesselten sie mich auf das Bett und zogen die Wachen ab.‹

»Ich verstehe«, sagte Janchan, dann erklärte er Zarqa hastig die Situation und erläuterte seinen Plan. »Du mußt also von hier zu unserem Versteck fliegen, den Luftschlitten holen und zurückkommen, um uns an Bord zu nehmen«, sagte er eindringlich. »Es ist unsere einzige Chance. So leicht ich hier hereingekommen bin, so schwierig und gefährlich würde es für uns sein, zu Fuß aus dem Tempelbereich hinauszukommen.«

Zarqa nickte ernst. ›Aber wie werde ich das Fenster der Prinzessin erkennen?‹

»Wir werden die Lampe brennen lassen, und das Fenster wird offen sein«, sagte Janchan. »Da fällt mir noch etwas ein. Wird der Schlitten das zusätzliche Gewicht der Prinzessin tragen können? Ich meine, wenn wir zwei und Karn und das Mädchen an Bord sind, wird es vielleicht zu schwer. Ich habe keine Ahnung, wieviel Gewicht er tragen ...« Seine Stimme versagte, als er den Ausdruck in Zarqas Gesicht sah. »Was ist passiert?« fragte er.

Das normalerweise schon traurige Gesicht des geflügelten Mannes trug einen Ausdruck tiefsten Kummers.

›Ich fürchte, du brauchst dir keine Gedanken um das Gewicht zu machen, mein Freund. Der Junge schlich in der Nacht fort – in der Nacht, in der du aufgebrochen bist. Vielleicht hätte ich damit rechnen sollen, denn es war deutlich zu sehen, wie sehr es ihn schmerzte, dich bei diesem Abenteuer nicht begleiten zu können.‹

»Nun, wo ist er?«

Zarqa zuckte die Achseln. ›Ich fürchte, sein Geist ist zur Oberwelt entflohen, wie du sagen würdest. Als ich seine Abwesenheit am anderen Morgen bemerkte, suchte ich den ganzen Baum ab. Ich fand die Spuren eines Kampfes und eine große Menge Blut; Karn fand ich nicht.‹

Das war eine schockierende Nachricht, und Janchans Hochgefühl verflog so rasch wie es sich eingestellt hatte.

»Du weißt nicht genau, daß er tot ist«, versuchte er sich und Zarqa Mut zu machen. »Er könnte als Sieger den Kampfplatz verlassen haben, und das Blut könnte von dem Tier stammen, das ihn angegriffen hatte.«

›Vielleicht hast du recht. Ich hoffe es. Aber wir wissen nicht, wo wir ihn suchen sollen, und die Rettung deiner Prinzessin muß unsere vordringliche Aufgabe sein.‹

Janchan nickte niedergeschlagen. »Trotzdem wäre es nicht recht, einfach davonzufliegen und ihn seinem Schicksal zu überlassen. Schließlich war er es, der uns aus der Gefangenschaft des Sarchimus befreite.«

›Richtig, mein Freund. Und die Idee, diesen Ort ohne die Gewißheit zu verlassen, daß er entweder tot oder lebendig ist, gefällt mir sowenig wie dir. Aber ich fühle irgendwie, er würde verstehen, wenn wir sagen, daß wir zuerst die Prinzessin aus Arjalas Krallen befreien müssen.‹

Janchan nickte wieder. Das stand außer Zweifel. Sie gingen zum Fenster. Es war mit geschnitzten Holzstäben vergittert, die sie ohne Schwierigkeiten mit Janchans Schwert herausbrachen. Dann stieg Zarqa auf den Sims, entfaltete vorsichtig seine Schwingen, nickte befriedigt und stieß sich ab. Sekunden später war er in die Nacht hinausgesegelt und verschwunden.

Janchan wischte sich den Schweiß vom Gesicht und wandte sich vom Fenster ab; bisher war alles planmäßig verlaufen.

20. Das Ding am Fenster

Janchan stahl sich aus Zarqas Raum, verriegelte die Tür hinter sich und schlich vorsichtig durch den Korridor und die Treppe hinunter.

Aber diesmal sah es ein wenig anders aus.

Zwei Tempelwächter standen zu beiden Seiten der verriegelten Tür. Aus welchem Grund sie ihren Posten auch immer verlassen hatten, nun waren sie wieder da, und sie waren zwei stämmige und gefährlich aussehende Burschen.

Tempelwächter, das hatte er von seinen Kameraden im Palast erfahren, waren in den Techniken des waffenlosen Kampfes ausgebildete Eunuchen, da die Vorschriften der Religion das Tragen von Waffen mit Klingen im Tempelbezirk untersagten. Dieses Verbot wurde häufig umgangen, indem die Tempelwächter ihre Zuflucht zu den Spießen und Morgensternen nahmen. Nicht so diese zwei, die sich auf ihre Kraft und auf die Geschicklichkeit ihrer bloßen Hände verließen.

Beide waren kahlköpfig, massig und einen guten Kopf größer als Janchan. Ihre riesigen Hände sahen muskulös und schwielig aus. Sie trugen lose Filzwesten über ihren haarlosen Brustkästen, dazu weite Pluderhosen, und um ihre dicken Bäuche waren breite Seidenschärpen gewunden.

Janchan beobachtete sie vom Treppenabsatz aus und überlegte fieberhaft. Es gab keine verläßliche Methode, an ihnen vorbeizukommen. Ganz gewiß konnte er sich nicht durch diese Mauer aus lebendigem Fleisch hindurchreden, und er war nicht einmal überzeugt, daß er durchkommen würde, wenn er sein Schwert gebrauchte. Ein Kampf schien ohnehin nicht das rechte Mittel zu sein – nicht, weil sie zu zweit waren und er ihnen allein gegenüberstehen würde, sondern weil sie mit Sicherheit ein lautes Geschrei anstimmen und Hilfe herbeirufen würden.

Er kehrte ins obere Geschoß zurück. Von der Annahme ausgehend, daß der Grundriß dem des unteren Geschosses entsprach, zählte er die Türen ab und stahl sich in den Raum, der direkt über dem der Prinzessin liegen mußte; glücklicherweise war er leer und dunkel. Außerdem war das Fenster unvergittert. Er riß die seidene Decke vom Bett und schnitt sie mit seiner Klinge in lange Streifen, die er zu einem behelfsmäßigen Seil verknotete. Dann wickelte er ein Ende fest um das Fensterkreuz, prüfte durch Ziehen die Festigkeit des Seils und warf es aus dem Fenster. Er kletterte über den Sims, hielt sich mit beiden Händen am Seil und ließ sich hinunter, die Füße an der Wand.

Der Abstieg war nicht schwierig, und das Seil hielt. Bald baumelten seine Füße vor Niamhs offenem Fenster, dann erreichten sie den Sims, und er kletterte durch die Öffnung und bedeutete dem erschrockenen Mädchen, keinen Laut von sich zu geben.

Die Erregung über die versprochene Rettung hatte Röte in ihre Wangen und Glanz in ihre Augen gebracht. Sie kicherte nervös.

»Letztes Mal kamt Ihr zur Tür herein, Janchan; diesmal zum Fenster. Was wird es das nächste Mal sein – der Kamin?«

Er legte beschwörend einen Finger an die Lippen. »Die Wachen sind wieder vor Eurer Tür«, wisperte er. »Habt Ihr eine Lampe?«

»Eine Lampe?«

Er nickte, und sie holte eine Öllampe, eine oben offene Hohlkugel aus durchscheinendem Alabaster, zur Hälfte mit Öl gefüllt. Auf sein Zeichen hin zündete sie den Docht an, und er nahm sie mit beiden Händen, um sie vorsichtig zum Fenstersims zu tragen, nachdem er Niamh sein Schwert zum Halten in die Hand gedrückt hatte.

Er war noch nicht am Fenster, als er an der Tür ein Geräusch hörte.

Sie wandten sich um. Die Tür stand offen, und auf der Schwelle stand eine Frau zwischen den beiden Eunuchen und starrte Janchan an.

Es war schwer zu sagen, welche Partei mehr überrascht war. Die Frau war groß und in der Blüte ihrer Weiblichkeit. Ein Gürtel aus einer mit Juwelen besetzten Kette umschloß ihre Taille und betonte ihre vollen Brüste und schwellenden Hüften. Die Augen unter ihren verblüfft hochgezogenen Brauen waren wie bernsteinfarbene Flammen. Sie war eine bemerkenswert schöne Frau, aber ihr Amt hatte sie kalt und stolz und gebieterisch gemacht, und ihrer Schönheit fehlte die Weichheit und Wärme, die sie fraulich gemacht hätte.

Es war die heilige Arjala. Janchan sollte nie erfahren, was sie an diesem Festtagsabend in Niamhs Zimmer geführt hatte; ihm genügte es, zu wissen, daß sie zur denkbar schlechtesten Zeit gekommen war. Sie überwand ihre Verblüffung. Blaß vor Wut, mit bebenden Nasenflügeln, machte sie eine kurze Kopfbewegung zu ihren Begleitern. Janchan sah, daß sie eine kleine Peitsche mit juwelenbesetztem Griff in der Hand hielt.

Die beiden Eunuchen kamen schwerfällig näher, massige Gestalten mit dicken, baumelnden Armen, die eingeölte Haut im Lampenlicht glänzend.

Janchan war waffenlos. Er hatte Niamh sein Kurzschwert gegeben, als er die Lampe genommen hatte, und nun war es außer Reichweite, denn bei Arjalas Anblick war die Prinzessin anstatt in seine Richtung in die andere Ecke zurückgewichen.

Aber er hatte die schwere Alabasterkugel, gefüllt mit Öl — und Feuer. Er schleuderte sie dem ersten Eunuchen entgegen, als dieser zum Sprung ansetzte, um ihn zwischen seinen Pranken zu zerquetschen.

Die Lampe traf seinen Schädel wie ein Hammerschlag, zersplitterte und übergoß den Stürzenden mit brennendem Öl. Flammende Rinnsale ergossen sich in alle Richtungen, setzten die

Wandbehänge in Brand und entzündeten den gewachsten Holzboden. Innerhalb weniger Augenblicke war der Raum ein feuriges Inferno.

Arjala war zur Seite gesprungen, als die Lampe den Eunuchen getroffen hatte, und befand sich nun in Janchans Reichweite. Außer sich vor Wut und Angst, wandte sie sich gegen ihn und schlug mit ihrer kleinen Peitsche zu. Er sprang sie an, entriß ihr die Peitsche und stieß sie zurück. Arjala taumelte, stolperte über den Saum ihres langen Kleids und fiel. Ihr Kopf schlug gegen die Tischkante, und sie blieb liegen, benommen oder ohnmächtig.

Der zweite Eunuch lebte noch, aber er konnte nichts unternehmen, denn eine knisternde und prasselnde Flammenwand trennte ihn von seiner Herrin und den beiden, die sie überrascht hatten.

Er drehte sich um und rannte hinaus. Aber er machte sonderbarerweise keinen Versuch, die Tempelwächter aus den anderen Stockwerken des Gebäudes herbeizurufen. Die Antwort schoß Janchan wie eine Eingebung durch den Kopf. Die Tempelärzte schnitten den Eunuchen nicht nur die Männlichkeit weg. Janchan stieß ein grimmiges Lachen aus. Dieses ganze Durcheinander war nur entstanden, weil er es für zu gefährlich gehalten hatte, die Wächter mit dem Schwert niederzustoßen. Er hatte befürchtet, sie würden um Hilfe rufen und das Haus in Aufruhr versetzen. Dabei hatten die Wächter keine Zungen. Sie waren stumm!

Sie waren zum Flammentod verurteilt. Der Raum wurde mehr und mehr zum Glutofen. Die Hitze versengte ihre Kleider und Haare, der Rauch drohte sie zu ersticken. Sie konnten dem Feuer nur entkommen, wenn sie aus dem Fenster sprangen. Aber sie befanden sich im dritten Stockwerk, und das Gebäude hatte hohe Räume. Der Sprung hinunter auf die Steinplatten des Hofs war gleichbedeutend mit dem Tod; immerhin würde es ein schnelleres und barmherzigeres Ende sein, denn hier würden sie bei lebendigem Leib verbrennen.

Plötzlich fiel Janchan das zusammengeknotete Tuch ein, mit dem er sich abgeseilt hatte. Es baumelte noch vor dem offenen Fenster, und vielleicht konnten sie daran hinaufklettern. Selbst wenn sie oben in die Hände der Tempelwächter gerieten, wäre die Gefangennahme immer noch besser als der sichere Tod im Feuer.

Er bückte sich, den schlaffen Körper Arjalas aufzuheben. Er hatte keine klare Vorstellung, wie er mit ihr auf der Schulter das Seil hinaufklettern sollte, aber Feindin oder nicht, er konnte sie nicht einfach in den Flammen sterben lassen.

Niamh kauerte hustend und mit tränenden Augen am Fenster und starrte in die Flammen, als plötzlich eine lange, krallenartige Hand von hinten ihre Schulter berührte. Sie fuhr herum und starrte in ein unheimliches, nichtmenschliches Gesicht wie aus einem Alptraum.

Als die Krallenhände sie bei den Schultern packten und über den Fernstersims zogen, kreischte sie wie von Sinnen.

Teil V

Das Buch von Klygon dem Meuchelmörder

21. Geflügelter Schrecken

Von all diesen Ereignissen wußte ich zu der Zeit nichts, und erst viel später erfuhr ich genug über die getrennten Abenteuer Janchans und Zarqas, um sie rekonstuieren zu können. Diese Rekonstruktion habe ich hier wiedergegeben, damit diese Chronik so vollständig wie möglich werde.

In jener Nacht, als Janchan uns verließ, um allein in die Gelbe Stadt einzudringen, lag ich noch lange wach und haderte mit meinem Schicksal. Daß die Prinzessin, der mein Herz gehörte, von einem anderen befreit werden sollte, war mir eine unerträgliche Vorstellung.

Schließlich hielt ich es nicht länger aus und erhob mich von meinem Lager. Leise kleidete ich mich an, nahm meine Waffen und den Beutel mit den wertvollen Münzen aus Sarchimus' Besitz, versorgte mich mit ein wenig Proviant und borgte einige von den Dingen, die Zarqa aus dem roten Turm mitgenommen hatte. Dann kroch ich aus dem Blätterzelt, wo der gute Zarqa ruhig auf seinem Lager schlief.

Ich redete mir ein, daß es unfair sei, meinen Freund Janchan allein in die Gefahr gehen zu lassen, und daß ich ihm beistehen müsse; aber in Wahrheit war es allein die Eifersucht des Liebhabers, die mich in die Nacht hinaustrieb – Eifersucht, daß ein anderer die Bewunderung und den Dank der Frau ernten sollte, die ich liebte.

Vorsichtig begann ich mich auf dem nicht sehr breiten Ast fortzubewegen. Ich weiß jetzt, daß ich Zarqa eine Notiz hätte hinterlassen sollen, und ich versuchte mir weiszumachen, daß ich es unterließ, weil mir die Schreibutensilien gefehlt hätten (ich hätte meinen Text nur in eine Blattoberfläche zu ritzen brauchen); aber die Antwort ist ganz einfach: mein Geist war ein brodelnder Strudel von eifersüchtigen Phantasien und – ich dachte keinen Augenblick daran.

Viele von den gefährlichen Räubern der Welt des Grünen Sterns gehen nachts auf Beute aus, und keinem vernünftigen Laonesen würde es jemals einfallen, sich bei Nacht allein in die Wildnis hinauszuwagen. So war es nicht verwunderlich, daß ich in ernste Schwierigkeiten kam, bevor die erste Stunde meiner nächtlichen Unternehmung um war.

Ich näherte mich auf einem kleinen Ast dem Stamm des gewaltigen Baums, als ich mich unvermittelt einem grausamen Drama gegenübersah.

Eine Riesenraubwespe tötete eine Raupe.

Die Raubwespe hatte die Größe eines ausgewachsenen Stiers und war ungleich gefährlicher. Ihre glitzernden ovalen Flügel waren wie geäderte Glasplatten, und ihr borstig behaarter Leib schimmerte in öligem Glanz. Die Raupe war ein riesiges, weiches, walzenförmiges Ding, und der Giftstachel der Wespe hatte ihren Leib durchbohrt. Die Wunde blutete stark. Ich konnte die Farbe der Flüssigkeit in der Dunkelheit nicht sehen, aber sie bedeckte die ganze Astoberseite, und in dieser furchtbaren Lache wälzte und wand sich die aufgespießte Raupe mit langsam erlahmenden Bewegungen.

Bei meiner Annäherung drehte das Wespenungeheuer sich ruckartig in meine Richtung. Quadratmetergroße, halbkugelig vorquellende schwarze Facettenaugen starrten mich an, als suchten sie auszumachen, ob meine Annäherung Gefahr bedeute. Der dumpfe kleine Intellekt unter dem glänzenden Helm aus hornigem schwarzen Chitin vermutete zweifellos, ich wollte ihr die fette Raupe streitig machen, die sie als ihr mitternächtliches Mahl ausersehen hatte. Ich aber wollte nur vorbei und meinen Marsch fortsetzen.

Der Ast war jedoch nicht sehr breit und zu beiden Seiten des über seiner Beute kauernden enormen Insekts fiel er in schwindelerregenden Kurven ab. Ich konnte die Stelle auf keiner Seite passieren, ohne abzustürzen. Also blieb ich stehen und wartete, daß die Wespe ihre Beute forttrüge.

Das war, wie sich herausstellte, genau die falsche Reaktion. Denn meine bewegungslose Anwesenheit erregte im winzigen Gehirn des Räubers vage Vermutungen meiner Harmlosigkeit. Die Wespe zog ihren mörderischen Stachel aus der sterbenden Raupe, um mir mit ruckartigen Parallelbewegungen ihrer sechs vielgliedrigen Beine auf dem Ast entgegenzutreten. Nachdem sie ihre Beute hinter sich hatte, blieb sie wieder stehen und verharrte eine Weile lauernd und ohne die geringste Bewegung.

Dann stürzte sie sich plötzlich mit sinnverwirrender Schnelligkeit auf mich. Es war die Sache eines Sekundenbruchteils, und ich war zu überrascht, um irgend etwas tun zu können.

Trockene, klauenartige Mundwerkzeuge umklammerten meinen ledernen Schuppenharnisch und warfen mich auf den Rücken, borstige Vorderbeine tasteten über meinen Körper und hielten mich nieder. In der nächsten Sekunde hatte ich meinen Krummsäbel gezogen und kämpfte um mein Leben.

Der tödliche Stachel war eine schwarze Hornnadel von der Stärke einer Lanze und eineinhalbmal so lang wie mein Arm. Immer wieder stieß die Wespe mit schnellen, krampfartigen Stößen des gekrümmten Hinterleibs zu. Meine Rettung waren in diesen Augenblicken Karns schnelle Reflexe und seine vergleichsweise geringe Körpergröße. Das Tier konnte den Hinterleib nicht weit genug nach vorn krümmen, um mit dem Stachel meinen Körper zu erreichen, und gefährdete lediglich meine Beine, die ich durch Spreizen und schnelles Ausweichen relativ leicht schützen konnte. Gleichzeitig stieß ich die spitze, gebogene Klinge immer wieder aufwärts und tief in den Brustteil und den geschwollenen Hinterleib. Aber die Raubwespe schien völlig unempfindlich gegen Schmerzen zu sein, und ihre mechanischen Stoßbewegungen verlangsamten sich nicht, obwohl ihr dickflüssiger Körpersaft langsam aus den vielen Stichwunden sickerte.

Ich hatte das mittlere Beinpaar weggehackt, aber zwei kräftige Vorderbeine hielten mich immer noch fest, vielleicht gegen den Willen meines Angreifers, denn ihre mit Widerhaken besetzten Füße hatten mein Lederzeug durchbohrt und sich darin verfangen. So kam es, daß ich, als die Raubwespe sich plötzlich mit dumpf schwirrenden Flügeln in die Luft erhob, mitgerissen wurde.

Trotzdem konnte ich mich glücklich schätzen. So gefährlich meine Lage nun war, sie hätte leicht schlimmer sein können. Die Klauen der Mundwerkzeuge, die sich darauf beschränkt hatten, mich niederzuhalten, hätten mir mühelos den Kopf vom Körper trennen können. Nun hatten sie sich ganz von mir gelöst, und der stachelbewehrte Hinterleib war im Flug gestreckt. Ich hing mindestens zwei Meter unter dem Riesenkörper, gehalten von den herabhängenden Vorderbeinen . . .

Während die Wespe mit mir kämpfte, war die sterbende Raupe in ihren Todeszuckungen vom Ast gerollt und abgestürzt. So kam es, daß Zarqa nur noch eine Blutlache fand, als er am nächsten Tag auf der Suche nach mir die Stelle entdeckte.

Der Flug der Wespe war taumelnd und unsicher, entweder, weil mein Gewicht sie zu sehr belastete, oder weil ihre inneren Verletzungen durch mein Schwert zu schaffen machten. Das dröhnende Summen ihrer Flügel wechselte mehrmals die Tonhöhe, als sie den Luftraum zwischen dem Baum, auf dem wir gekämpft hatten, und seinem Nachbarn durchkreuzte. Es war glücklicherweise der Baum, der die Stadt Ardha trug; es hätte ebenso gut ein anderer sein können.

Das Ungeheuer ging in eine jähe, taumelnde Kurve und begann Höhe zu verlieren. Ich klammerte mich entsetzt an eins der Beine. Der Wind pfiff mir um die Ohren und zerrte an meinem Umhang. Aber die Lichter von Ardha waren jetzt näher, und die Raubwespe hielt weiter auf sie zu, als ob sie sich angelockt fühlte.

Meine Lage war verzweifelt. Ich hatte keine Ahnung von den Kraftreserven meines Entführers. Jeden Augenblick konnte er fallen oder ermattet in die finsteren Tiefen absinken. Oder er konnte an Ardha vorbei und weiterfliegen und mich viele Kilometer weit in die Wildnis hinaustragen, fort von der Gelben Stadt, die mein Ziel war. Und ich konnte absolut nichts tun, um die Situation zu meinen Gunsten zu verändern.

Die Lichter von Ardha waren jetzt fünfzig oder sechzig Meter unter mir, und die Wespe kreuzte auf unberechenbarem Kurs hin und her, von den Lichtern angezogen und verwirrt. Als es den Anschein hatte, daß sie wieder in die Dunkelheit hinausfliegen würde, entschloß ich mich zu einer Verzweiflungstat: ich zog mich mit der Linken höher und stieß mit der Schwertspitze nach dem Brustteil der Wespe.

Beim zweiten Versuch gelang es mir, die scharfe Klinge etwa zwei Handbreit tief durch die harte Chitinschale zu stoßen.

Im nächsten Augenblick trat etwas ein, das ich nicht vorausgesehen hatte. Die Raubwespe, offenbar belästigt von meinem Stich, zog die Beine an, rieb sie im Flug aneinander, als wollte sie sich von der unangenehm gewordenen Last befreien, und streifte mich mühelos ab.

Ich fiel wie ein Stein.

22. *Schwarze Masken in der Nacht*

Vielleicht kreischte ich in meiner Todesangst, als ich fiel. Ich weiß es nicht. Wenn ich es tat, riß mir der Wind den Schrei von den Lippen.

Mein wild kreiselnder Körper verwischte das Bild der heranrasenden Stadt und ihrer verrückt tanzenden Lichter vor meinen Augen. Ich konnte nicht sehen, wohin ich fiel, und es war auch gleichgültig, ob mein Körper auf einer Straße oder einem Dach zerschmettert wurde. Mein einziger klarer Gedanke in diesem Augenblick war, daß es nun aus sei, aus und vorbei. Ich dachte nicht einmal daran, daß ich als freier Geist weiterleben würde, dieses Erlebnis mithin nur für den Körper des Jungen Karn fatal enden konnte. Bevor ich zu dieser beruhigenden Erkenntnis kommen konnte, schlug mein ausgebreiteter Körper auf die quadratische Fläche einer Art Plane oder Sonnendach. Das feste Gewebe dröhnte hohl unter meinem Aufprall, dann riß es aus seinen Halterungen. Aber es hatte meinem Aufschlag die größte Wucht genommen.

Im nächsten Augenblick klatschte ich auf kaltes Wasser und ging unter. Ich mußte einen Moment die Besinnung verloren haben, denn als ich zu mir kam, zappelte ich matt, benommen und halb ertrunken zwischen den blühenden Wasserpflanzen eines seichten Zierteichs, aber ich war irgendwie am Leben und offenbar unverletzt geblieben. Halb von Sinnen, arbeitete ich mich zur Marmoreinfassung des Teichs, zog mich hoch, kletterte heraus und landete triefend und Wasser hustend in einem Blumenbeet. Ich lag da, während die Welt um mich kreiste, dann hob ich den Kopf und erbrach Wasser und Schleim.

Etwas erholt, entdeckte ich, daß meine Rechte noch immer krampfhaft den Handgriff des Krummschwerts umklammert hielt; ich steckte es in die Scheide, erhob mich wankend und blickte umher.

Ich stand in einem Dachgarten zwischen Büschen, Blumenbeeten und kleinen Zierbäumen. Seine Ausmaße und das Vorhandensein des marmorumrandeten Zierteichs mit Ruhebänken und Marmorstatuen ringsum ließen darauf schließen, daß er zu einem reichen und vornehmen Haus gehörte.

Das wiederum legte die Anwesenheit von Wächtern nahe. Und ein fremder Eindringling, der nachts durch einen Dachgarten schlich, würde mit Sicherheit für einen Dieb oder Mörder gehalten werden. Es schien ratsam, daß ich mich so schnell wie möglich davonmachte. Mein Absturz durch das Sonnendach und in den Teich schien trotz des damit verbundenen Krachs unbemerkt geblieben zu sein, aber mein unwahrscheinliches Glück konnte nicht ewig währen. Ich hielt mich im Schatten der Büsche und Sträucher, sorgfältig bemüht, unnötige Geräusche zu vermeiden, während ich nach einem Ausgang suchte.

Eine weiße Treppe mit einer Balustrade schimmerte durch die Dunkelheit. Ich bewegte mich vorsichtig darauf zu. Sie führte nach oben, anscheinend einem anderen Dach. Vielleicht konnte ich von dort auf ein benachbartes Dach übersteigen, aber wie ich auf die Straßenebene hinunterkommen sollte, ohne in eins von diesen Gebäuden einzudringen und eine Entdeckung zu riskieren, blieb offen. Ich stieg die Treppe hinauf und fand mich auf einer breiten Terrasse vor den hohen, verglasten Türen eines Dachpavillons. Die Vorhänge dahinter waren zugezogen, aber Helligkeit schien durch und ließ erkennen, daß das Innere des Pavillons strahlend beleuchtet war.

Verstohlen eilte ich über die Terrasse und erreichte das obere Ende einer zweiten, genau gleichen Treppe. Sie führte wieder hinunter in den Dachgarten, der hier seine Fortsetzung fand. Ich stand ratlos und blickte zurück zum Dachpavillon. Der einzige Weg hinunter zur Straße schien durch diesen beleuchteten Raum zu führen, und der war mir versperrt. Ich wandte mich wieder dem Dachgarten zu. Ich fand es ratsamer, mich dort zu verstecken und abzuwarten, bis die Lichter im Dachpavillon erloschen, um dann irgendwie hineinzukommen, aber das Risiko war einfach zu groß.

Ich wurde aller weiteren Überlegungen enthoben, als ich hinter mir ein leises Geräusch hörte.

Herumfahrend sah ich vier schwarz maskierte Gestalten auf der Terrasse stehen, schweigend, ihre langen Dolche auf mich gerichtet.

Ich war starr vor Schreck. Selbst wenn ich geistesgegenwärtiger gewesen wäre, hätte es mir nicht geholfen. Sie hatten mich überrascht. Langsam hob ich die Hände und ließ mich entwaffnen.

Was immer sie waren, sie waren offensichtlich keine Wächter des Hauses, denn ihre Gesichter waren hinter schwarzseidenen Masken mit Augenschlitzen und Öffnungen für Mund und Nase verborgen. Sie trugen eng anliegende schwarze Kleider und dünne, gleichfalls schwarze Handschuhe. Sie tasteten mich schnell und sachkundig ab, fanden meinen Beutel und nahmen ihn mir weg.

Einer von ihnen öffnete ihn, griff hinein und fischte eine Handvoll Münzen aus Sarchimus' Nachlaß heraus. Er hielt sie prüfend ins schwache Licht, dann lächelte er — beinahe anerkennend, dachte ich.

»Ungewöhnlich, in einem so jungen Burschen einen so schlauen Dieb zu finden«, sagte er trocken. Er schüttete die Münzen in den Beutel zurück und ließ sie in seiner Kleidung verschwinden.

»Nehmt ihn«, sagte er, und sie waren über mir.

Ich leistete keinen Widerstand, und im Nu hatten sie mich an Händen und Füßen gebunden. Dann wurde etwas wie ein Sack ohne Boden über mich gezogen und oben und unten mit einem Strick zusammengeschnürt. Ein weiterer Strick wurde an die Verschnürung geknotet, dann hoben sie mich wie ein Bündel auf und stießen mich über das Geländer. Bei alledem wurde kein Wort gewechselt, und es geschah so schnell, daß ich den Vorgängen kaum folgen konnte.

Ich sah die Hauswand an mir vorbeigleiten und landete in einer schmalen, krummen und schmutzigen Gasse. Andere Männer in schwarzen Masken und Kleidern sprangen aus der Dunkelheit und machten sich über mich her. Ein Messer blitzte, als einer die Verschnürungen durchschnitt. Ich lag auf dem hölzernen Pflaster und sah die maskierten Männer gewandt wie Katzen am Strick von der Dachterrasse herabklettern. Nach wenigen Augenblicken standen sie neben mir auf dem Pflaster. Der Anführer gab einen kurzen Befehl, und ein hünenhafter Mann hob mich auf und warf mich wie einen Sack über die Schulter. Einer nach dem anderen verschwand schnell und leise in den Schatten der engen Gasse, eine perfekt aufeinander eingespielte kleine Kolonne.

Ich hatte keine Ahnung, was sie von mir wollten und welches Schicksal mich erwartete, aber eins wußte ich, und das Wissen war beunruhigend.

Ich hatte sie zuerst für Diebe gehalten, wie auch sie mich für einen Dieb gehalten hatten. Aber sie waren keine Diebe.

Sie waren Meuchelmörder.

Der Meuchelmord war in der Gesellschaft der Laonesen gewissermaßen institutionalisiert, und die in Zünften straff organisierten Meuchelmörder hatten ihr finsterers Handwerk beinahe auf die Ebene einer Kunst stilisiert. Mehr als eine Stadt war unter die Herrschaft der schwarz maskierten Männer gefallen, für die Verschwiegenheit, Heimlichkeit, Schläue und die Techniken des lautlosen Tötens zum Berufsethos gehörten.

In Phaolon war ihre Zunft schon vor Generationen zerschlagen worden, und man hatte sie hingerichtet oder vertrieben. Aber hier in Ardha war die Zunft der Meuchelmörder, wie ich bald erfahren sollte, eine faktisch unabhängige dritte Macht, die Tempel und Thron an Reichtum und Einfluß kaum nachstand.

Ich war mutlos und verzweifelt. Ich war vom Regen in die Traufe geraten, war mit unglaublichem Glück einem der gefährlichsten Raubtiere der Wildnis entkommen, nur um in die Hände der gefährlichsten Menschen dieser Welt zu fallen.

Nach schnellem, schweigsamem Marsch durch dunkle und winklige Gassen machten wir vor einem massiven alten Haus halt. Einer der Schwarzgekleideten beugte sich vor und drückte auf eine verborgene Feder. Ein schmales Stück Mauerwerk schwang zurück, eine niedrige Öffnung gähnte in der Mauer.

Der Anführer der Gruppe machte eine knappe Kopfbewegung zu mir. »Laß ihn riechen«, sagte er.

Schwarzbehandschuhte Finger entkorkten eine kleine Flasche und hielten sie mir unter die Nase, während eine andere Hand meinen Mund verschloß. Ich atmete ein stechend und süßlich riechendes Zeug ein, das mich ein wenig an Chloroform erinnerte und auch so wirkte.

Die Meuchelmörder verschwanden einer nach dem anderen

durch die schwarze Öffnung, geräuschlos wie Katzen. Als er an die Reihe kam, trug der breitschultrige Riese auch mich mit hinein.

Aber zu diesem Zeitpunkt wußte ich nichts mehr, denn die Dämpfe hatten ihren Zweck erfüllt; ich war ohnmächtig.

23. Im Haus von Gurjan Tor

Vielleicht eine, vielleicht zwei Stunden später erwachte ich in einem kahlen, schlecht beleuchteten Raum. Ich fühlte keine Benommenheit, war sofort klar im Kopf und litt weder unter Kopfschmerzen, Übelkeit oder anderen Nachwirkungen.

Ich erhob mich von der Matratze, auf der ich lag und sah mich um. Die Wände waren mit Holz verkleidet, schwere Balken trugen die Decke. Ich klopfte die Wände ab, fand jedoch keinen Unterschied im Klang, der auf das Vorhandensein einer versteckten Tür hätte schließen lassen.

Seltsamerweise hatte der Raum weder Fenster noch Tür, und ich hatte keine Ahnung, wie die Schwarzgekleideten mich hereingebracht und den Raum wieder verlassen hatten.

Der Boden war Parkett, die einzige extravagante Note an diesem sonst sehr spartanischen Raum. Es gab keine Wandbehänge, keinen Teppich, und das Mobiliar bestand aus der einfachen Matratze in der Ecke, einer niedrigen Sitzbank und einem kleinen Tisch, auf dem eine Kerze in einem gläsernen Halter brannte.

Immerhin gab es einen Krug mit Wasser, einen mit Rotwein gefüllten Becher und einen Teller mit Fleisch und grobem braunem Brot. Ich war inzwischen ziemlich ausgehungert, und so aß und trank ich, nicht unzufrieden mit meinem Los, das bisher immer noch weitaus besser war, als ich befürchtet hatte.

Die Meuchelmörder hatten mir außer meinen Waffen nichts weggenommen. Um meinem Oberkörper war die Kabelrolle aus Sarchimus' Turm geschlungen, und auch mein übriger Besitz war da, sogar die Münzen, die man mir zuvor abgenommen hatte. Die Meuchelmörder, so schien es, waren keine Diebe.

Nach der Mahlzeit beschäftigte ich mich abermals mit dem Geheimnis des türlosen Raums; doch so aufmerksam und sorgfältig ich auch suchte, ich konnte keine verborgene Öffnung in den Wänden entdecken, und weder die Decke noch der Boden zeigten erkennbare Spuren von versteckten Klappen oder Falltüren.

Um die Zeit hinzubringen, machte ich Freiübungen, bis ich

schwitzte, dann trank ich etwas Wasser und warf mich auf die Matratze, um von der Anstrengung auszuruhen. Aus schierer Langerweile schlief ich endlich ein.

Nach langer Zeit weckte mich etwas. Ich rührte mich nicht und blinzelte vorsichtig durch halbgeschlossene Lider. Die Kerze war fast heruntergebrannt, die Flamme flackerte hoch und rußte. Ein Geruch von altem Wachs und ranzigem Talg hing in der Luft.

Gänsehaut überkroch meinen Körper. Ich wußte nicht, wie ich zu der Gewißheit kam, aber ich hatte das untrügliche Gefühl, daß jemand mich aus irgendeinem Winkel beobachtete. Ich lag still und versuchte ruhig zu atmen, aber der Druck von unsichtbaren Augen lastete beinahe spürbar auf mir, und je länger das unheimliche Gefühl andauerte, desto nervöser wurde ich.

Auf einmal drang ein leises knarrendes Geräusch an meine Ohren. Ich spähte über meine Füße hinweg und sah, wie ein viereckiges Stück des Parkettbodens nach unten sank. Gleich darauf kletterte ein Mann in Schwarz gewandt aus der Öffnung.

Das war also der Trick! Eine versenkbare Falltür. Ich ärgerte mich, daß ich sie bei meiner Suche übersehen hatte; die Ritzen zwischen den Parkettriemen hätten mir nicht entgehen dürfen. Der Mann stand reglos und beobachtete mich. Er war klein und krummbeinig. Das Gesicht unter der schwarzseidenen Maske war nur in Umrissen zu erkennen, aber ich hatte den Eindruck, daß er einer von den Männern war, die mich auf der Dachterrasse überrascht hatten.

Als er mich lange genug angesehen hatte, kam er herüber und schüttelte meinen Arm. Ich gab vor, erschreckt zu erwachen und starrte verwirrt zu ihm auf.

Er gluckste erheitert.

»Hab' ich dir einen Schrecken eingejagt, Junge? Keine Angst, du hast nichts zu fürchten ... jedenfalls noch nicht.« Seine Stimme war heiser, und er hatte eine Alkoholfahne — später sollte ich ihn und seine Vorliebe für starken, unverdünnten Wein noch kennenlernen.

»Was wollt ihr von mir?«

Ich sprang auf.

»Nun, zuerst deinen Namen, würde ich sagen.« Er setzte sich auf die kleine Bank, offenbar entschlossen, sich von einem zappeligen Jungen nicht aus der Ruhe bringen zu lassen. Ich sagte ihm meinen Namen.

»Karn ... das ist kein Name von hier«, sagte er. Ich bestätigte es.

»Bist du ein Mitglied der Zunft der Diebe?« forschte er weiter. Ich verneinte.

»Wer ist dein Meister?«
»Ich habe keinen.«
»Deine Eltern?«
»Ich habe keine Eltern mehr.«
Er rieb nachdenklich sein langes Kinn. »Weißt du, wo du bist?« fragte er nach kurzer Pause.
»Ich nehme an, daß dies das Hauptquartier der Zunft der Meuchelmörder ist«, sagte ich.
Er nickte. »Dies ist das Haus von Gurjan Tor«, erklärte er, als wäre damit alles gesagt.
»Und wer soll das sein?« fragte ich gleichgültig.
Er war verdutzt. »Du kennst ihn nicht?« Er ist der Zunftmeister und der berühmteste aller Meuchelmörder!«
»Nun, wenn er so bedeutend ist, was will er dann von einem gewöhnlichen Jungen?« fragte ich.
Der kleine Mann grinste, und durch die Mundöffnung seiner Maske konnte ich eine beachtenswerte Ansammlung von schiefen und schlechten Zähnen sehen.
»Eine vernünftige Frage, Junge. Und die Antwort darauf ist, daß er vielleicht einen jungen Burschen wie dich gebrauchen kann, der den Mut und den Verstand hatte, allein den Palast der Ispycier zu besuchen und ein paar Handvoll seltener und alter Münzen mitgehen zu lassen . . .«
Ich sagte nichts. Dies war für mich der erste Hinweis, daß die Münzen aus Sarchimus' Hort mehr waren als gewöhnliche, zeitgenössische Zahlungsmittel.
Der krummbeinige Mann nickte bekräftigend.
»Ja, man muß es dir lassen, Junge, damit hast du bewiesen, daß du einen klaren Kopf hast. Die meisten Jungen in deinem Alter würden zu unerfahren oder zu einfältig oder beides zugleich sein, um den Wert der Münzen zu erkennen. Sie würden versuchen, einen zentnerschweren Wandteppich wegzuschleppen, oder eine Statue, und dann bei der Flucht über ihre eigenen Füße stolpern. Aber du nicht. Du suchtest dir die wertvollsten Stücke aus, die es in dieser Größe und Handlichkeit gibt — abgesehen vielleicht von Edelsteinen, die sowieso in Tresoren verschlossen sind. Aus diesem Grund will Gurjan Tor selbst mit dir sprechen. Also komm mit.«
Der komische kleine Mann führte mich durch die Bodenklappe und eine kurze Wendeltreppe hinunter in ein muffig riechendes Kellergeschoß, das aus einem Labyrinth von Gängen zu bestehen schien. Dann ging es eine zweite Treppe hinauf, und wir kamen in einen schmucklosen, engen, schlecht beleuchteten Korridor.
Während ich ihm folgte, begann ich wieder über mein Schicksal nachzudenken. Die Dinge ließen sich nicht schlecht an, und

meine Aussichten, lebendig aus dieser Situation herauszukommen, rechtfertigten einen gedämpften Optimismus. Ich dankte dem Himmel, daß ich mir die Zeit genommen hatte, meine Tasche mit Münzen zu füllen ...

Das Haus der Meuchelmörder war ein düsterer Ort, voller Schatten, Gewisper und unsichtbaren Augen. Mein Begleiter führte mich in einen Raum, genauso kahl und spartanisch eingerichtet wie der, in dem ich aufgewacht war, nur stand hier ein großer Diwan in der Mitte.

Er war von enormen Abmessungen, dieser Diwan, und überhäuft mit Kissen und luxuriösen Fellen. Auf diesem Pfuhl ruhte der dickste Mann, den ich je gesehen hatte. Er mußte dreihundert Pfund oder mehr gewogen haben, und seine Fettleibigkeit war abstoßend und beängstigend wie eine groteske Deformation. Obendrein war er bis auf einen lässig umgehängten Samtmantel völlig nackt, und über seinem ungeheuren Bauch hingen wabbelnde, ölig glänzende Brüste. Es war Parfüm, bemerkte ich, als ich mich seinem Lager näherte. Er schien sich mit dem Zeug übergossen zu haben, und ich hatte Mühe, in seiner Nähe zu atmen.

Gurjan Tor hockte wie eine geschwollene und obzöne Kröte in seinem unordentlichen Bett aus Seidenkissen und Fellen und verschlang unablässig mundgerecht zubereitete, in Wein getränkte Fleischstückchen, die zwischen anderen Speisen und Getränken auf einem kostbaren Intarsientisch neben seinem Diwan angerichtet waren. Seine zwischen Speckfalten fast verschwindenden kleinen Augen beobachteten mich kalt und schlau und berechnend, als ich mich vor ihm verneigte. Aber weder bei der Begrüßung noch während des Gesprächs unterbrach er auch nur für einen Moment seine Freßorgie.

Der krummbeinige kleine Mann berichtete von unserem Gespräch, und was er zu sagen hatte, schien Gurjan Tor zu erfreuen, denn er lächelte. Während er fortfuhr, mit seinen Wurstfingern saftige Fleischstückchen in den Mund zu stopfen, verhörte er mich mit leiser, hoher Stimme über meine Kenntnisse und Fertigkeiten im Gebrauch bestimmter Waffen, erkundigte sich über meine Erfahrungen in den verschiedenen Techniken des Diebstahls und über meine Herkunft.

Ich bemühte mich, seinen Wissensdurst zu befriedigen, so gut ich konnte; und wo es nötig war, erfand ich einiges dazu.

Wieder schien er von meinen Antworten angetan.

»Du sprichst mit dem Akzent von Phaolon«, bemerkte er schlau, »behauptest aber, seit deiner Geburt bei den Barbaren des Waldes gelebt zu haben. Wie ist das möglich?«

Die Erfindung einer angemessenen Diebskarriere hatte mich bereits in Schweiß gebracht, und eine Frage wie diese war wenig geeignet, meine ins Wanken geratene Fassung zu stabilisieren. Bis zu diesem Augenblick war mir nie recht bewußt geworden, daß die Laonesen regional verschiedene Dialekte sprachen.

In einem verzweifelten Versuch, Unerschütterlichkeit zu zeigen, zuckte ich die Achseln. »Ich weiß es nicht, Herr. Vielleicht stammen meine Eltern aus Phaolon«, sagte ich. »Bei den waldbewohnenden Stämmen gibt es viele Leute, die von den Herrschern der verschiedenen Städte ins Exil getrieben wurden . . .«

»Das ist wahr«, sagte er in seiner hohen, leisen Stimme. Dann blickte er zu dem Krummbeinigen, der beim Betreten des Raums seine Gesichtsmaske abgezogen hatte, und sagte:

»Klygon, ich bin erfreut. Dieser Junge soll in die Schar unserer Novizen aufgenommen und für das Projekt Drei ausgebildet werden. Nimm du dich seiner an.«

Wir zogen uns zurück. Der fette Mann geruhte nicht, es zu bemerken, denn er hatte seine volle Aufmerksamkeit auf eine Schüssel mit kandierten Früchten gelenkt.

24. Ich lerne die Kunst des Stehlens

Und so wurde ich Novize bei den Meuchelmördern. Und mein Freund, Mentor, Meister und Kamerad war kein geringerer als Klygon der Schlaue, wie er genannt wurde. Als Meister der Novizen hatte er die Aufgabe, die jungen Lehrlinge der Zunft in den geheimen Künsten zu unterweisen und auszubilden.

Es war schwierig, Klygon nicht zu mögen. Sein Humor war intelligent und ansteckend, und sein Enthusiasmus für den gekonnten Meuchelmord war von der Liebe eines guten Handwerksmeisters zu seinem Gewerbe geprägt. Der häßliche, komische kleine Mann ersparte einem nichts, aber er war weise und witzig, großzügig und treu. Ich lernte ihn beinahe lieben.

Ich wurde auch zu einem hinlänglich ausgebildeten und hart trainierten Meuchelmörder, und das in weit kürzerer Zeit als möglich schien. Ich war dazu bestimmt, einen fest umrissenen Auftrag auszuführen — das mysteriöse ›Projekt Drei‹, von dem Gurjan Tor gesprochen hatte —, und in den folgenden zwölf Tagen war jede wache Minute der Aneignung der Fertigkeiten gewidmet, die ich dafür brauchte.

Mit dem Morgengrauen standen wir auf und in den zwei Stunden bis zum Frühstück drillte Klygon uns in allen Formen des Schwertkampfs, von der formellen Kunst des Fechtens nach hergebrachten Regeln bis hin zu den schmutzigen Tricks und Methoden des Straßenkampfs. Nach dem Frühstück, wenn unsere Muskeln bereits schmerzten, übten wir in einem riesigen Kellergewölbe. Hier lehrte Klygon uns, wie man im Fallen abrollt und wieder aufspringt, wie man lose hängende Seile erklettert, Leitern hinaufstürmt, Wurfleine und Haken gebraucht, Hausfassaden erklimmt und geräuschlos Fenster öffnet. Auch lernten wir, uns so lautlos wie eine Katze zu bewegen: zuerst in einem Raum mit schrecklich knarrenden Dielenbrettern, dann auf einer dunklen Treppe voller Töpfe und Pfannen, und schließlich auf einer Unterlage aus trockenem, sprödem Laub.

Klygon gab mir zu verstehen, daß das Tempo seines Lehrprogramms normalerweise gemächlicher sei. In meinem Fall wurde es bis an die Grenzen der Leistungsfähigkeit beschleunigt, und wenn ich abends auf mein Lager fiel, war ich mehr tot als lebendig. Und der Grund all dieser unmenschlichen Anstrengungen war das ominöse Projekt Drei, dessen Stunde rasch näherrückte.

Im Lauf der Tage gelang es mir, aus den stückweise aufgeschnappten Informationen ein leidlich genaues Bild der Organisation und ihrer Tätigkeit zu gewinnen. Zuerst lernte ich, daß es für ein Mitglied der Zunft nicht damit getan war, das schnelle und lautlose Töten zu beherrschen. Natürlich töteten die Meuchelmörder von Ardha politische und private Gegner im Auftrag; aber sie waren auch für Entführungen, Erpressungen und für den Diebstahl und Verkauf von Geheimnissen zuständig.

Unnötig zu sagen, daß ich keine andere Wahl hatte, als Lehrling bei den Meuchelmördern zu werden. Ich wurde nicht gefragt, und meine Wünsche interessierten nicht. Die Entscheidung lag allein bei Gurjan Tor, und wenn er einmal entschieden hatte, tat der Auserwählte gut daran, sich in sein Schicksal zu fügen und das Beste daraus zu machen, wenn er nicht in einer wenig angenehmen Art und Weise sterben wollte. Sobald man das Haus Gurjan Tors betreten hatte, kam man nicht wieder heraus, es sei denn als ein Mitglied der Zunft — oder eingenäht in einen Sack. So wurde ich unter dem Zwang der Verhältnisse ein Meuchelmörder.

Die politische Situation in Ardha war außerordentlich kompliziert. Seit Jahren war ein untergründiger Machtkampf zwischen Tempel, Thron und Zunft im Gang, der das Königreich lähmte und in den Strudel eines offenen Bürgerkriegs zu ziehen drohte.

Noch vor einiger Zeit, als der Tyrann am Hof von Phaolon sein Ultimatum von Eheschließung oder Krieg abgegeben hatte, hatte er die zentrale Machtposition innegehabt. Aber das Mißlingen seines Plans und seine Unfähigkeit, eine Invasionsarmee der erforderlichen Größe auf die Beine zu bringen, hatte seine Autorität geschwächt und vor aller Augen den Beweis geführt, daß es ihm an finanziellen Mitteln für seine ehrgeizigen Vorhaben mangelte.

Angesichts des Machtverfalls der Königsfraktion hatte die heilige Arjala ihren kühnen Versuch unternommen, nach der geistlichen nun auch die weltliche Macht an sich zu bringen. Die Abtretung der Tempeleinkünfte eines Jahres an Gurjan Tor hatte ihr die zeitweilige Unterstützung durch die Zunft eingebracht; und so neigte sich die Waagschale der Macht auf die Seite des Tempels.

Doch Gurjan Tor wußte recht gut, daß es Arjalas höchstes Ziel war, neben Akhmim auf dem Thron zu sitzen, um so die Macht beider Fraktionen zu einem einzigen Instrument zu vereinen. Eine solche Machtkonzentration konnte nicht in seinem Interesse liegen. Die Inkarnation der Gottheit hatte seinen Beistand erkauft, aber nicht für lange, wie es schien. Der gerissene Zunftmeister der Meuchelmörder fürchtete nicht ohne Grund, daß Arjala und Akhmim, sobald sie ihre Macht und Gefolgschaft vereint hätten, sich gemeinsam gegen die Zunft wenden und sie vernichten würden, um so den einzigen noch verbleibenden unabhängigen Machtfaktor in ihrer Stadt zu eliminieren.

Mit anderen Worten, das alte Spiel von Betrug und Verrat sollte wieder einmal eine Neuauflage erfahren.

Aber Gurjan Tor plante, ihm zuvorzukommen. Und das bevorstehende Fest der Vereinigung bot ihm eine ausgezeichnete Gelegenheit zum Losschlagen. Wenn die Bürger sich feiernd auf den Straßen drängten, wenn jede Schenke und jedes Wirtshaus von weinseligen Gästen überquoll, wenn Festmähler gehalten und Tempelopfer dargebracht wurden — an einem solchen Abend würde eine überraschende Tat die größtmöglichen Erfolgsaussichten haben.

Der Tag des großen Fests brach an. Ich sah nichts von den vielstündigen Zeremonien und Prozessionen, den prunkhaften Schaustellungen von Macht, Reichtum und Eitelkeit; eingesperrt in die geheime Zitadelle der Zunft, wußte ich nichts von Arjalas großartigem Coup, als sie den gefangenen Zarqa vor dem König und allem Volk als einen Engel und Abgesandten der Götter vorstellte. Aber genaue Nachrichten über alle diese Ereignisse erreichten den zentralen Raum, wo Gurjan Tor fett und aufgedunsen in seinem Nest aus Pelz und Seide hockte. Und Klygon und ich wurden wieder zu ihm gerufen.

Diesmal schmauste der Unersättliche in Essig eingelegten Fisch mit einer Art Mixed Pickles, als wir den kahlen, dämmerigen

Raum betraten und unsere ehrfürchtigen Verbeugungen machten.

Mit einer silbernen Gabel zeigte er kauend auf eine Wandkarte, die einen Lageplan des Tempelbezirks mit genau eingezeichneten Grundrissen sowie Frontalansichten aller wichtigen Gebäude enthielt.

»Der Junge muß heute abend fertig sein«, quietschte er in seiner hohen Stimme. »Und zwar eine Stunde eher als geplant. Die Dinge haben sich geändert, vielleicht zu unserem Besten. Der Plan dort zeigt die innere Aufteilung der Tempelgebäude; die rote Kreuzmarkierung bezeichnet die Lage eines Raums im dritten Obergeschoß. In diesem Raum befindet sich ein Gefangener Arjalas, den du töten wirst. Die rot punktierte Linie kennzeichnet die Route, die du nehmen wirst. Präge dir den Plan sorgfältig ein.«

Ich tat es. Orientierungsübungen nach Planskizzen hatten zu meiner Ausbildung gehört. Nicht, daß ich die Absicht gehabt hätte, jemanden für Gurjan Tor umzubringen. Einmal frei, würde ich meinen eigenen Geschäften nachgehen, und wehe den Meuchelmörderkollegen, die versuchen sollten, sich mir in den Weg zu stellen!

»Das zweite rote Kreuz auf der nächsthöheren Ebene bezeichnet den Raum, wo ein zweiter Gefangener festgehalten wird. Du wirst auch diesen töten. Für beide Taten wirst du dich eines Stiletts bedienen, in dessen Gebrauch du von Klygon unterwiesen wurdest. Er sagte mir, daß du mit dieser Waffe ausgezeichnet umzugehen verstehst. In diesem Fall wird übrigens ein Kratzer oder Einstich an beliebiger Stelle genügen, weil die Klinge mit einem starken und augenblicklich wirksamen Gift präpariert sein wird.«

»Und wer sind diese zwei Gefangenen, die ich töten soll, wenn ich fragen darf?« fragte ich kühn.

Gurjan Tor betrachtete mich gedankenvoll; er hörte sogar einen Moment lang auf zu kauen, dann sagte er: »Du kannst es ruhig wissen. Der zweite Gefangene ist ein seltsames geflügeltes Wesen mit goldfarbener Haut, das die Erzpriesterin der abergläubischen Bevölkerung als einen Engel und gesegneten Götterboten verkauft hat.«

Ich traute meinen Ohren nicht. Dann ließ Gurjan Tor eine zweite Bombe platzen.

»Der andere Gefangene ist eine Frau namens Niamh, die regierende Prinzessin von Phaolon. Arjala hält sie fest, um Akhmim unter Druck zu setzen.«

Und dann ließ er die dritte Bombe hochgehen. Er fuhr grinsend fort: »Klygon wird dich auf dieser Mission begleiten, die deine erste ist. Er wird dich anleiten und dafür sorgen, daß du den Auftrag richtig ausführst und dich nicht davor drückst, wie es bei Anfängern zuweilen vorkommt. Solltest du versuchen, dich deiner Aufgabe zu entziehen, wird er dich töten ...«

25. Projekt Drei

Völlig verwirrt folgte ich Klygon aus dem Raum und ging mit ihm zu dem Geschoß, wo die Novizen untergebracht waren.

Nun, da ich wußte, was es mit dem geheimnisvollen ›Projekt Drei‹ auf sich hatte, verstand ich Gurjan Tors subtile Überlegung. Arjalas Druckmittel gegen den Tyrannen von Ardha war die Tatsache, daß sie Niamh in ihrer Gewalt hatte. Würde die Prinzessin im Tempelbezirk ermordet, so mußte das zu einer Vertiefung der Kluft zwischen den beiden Fraktionen führen. Gurjan Tors Agenten würden wahrscheinlich ein übriges tun und die Version verbreiten, Arjala habe die Prinzessin von Phaolon ermorden lassen, was Akhmim weiter erregen und erheblichen Groll unter der Bevölkerung wecken würde, weil Niamh eine wertvolle Gefangene war, die ein enormes Lösegeld einbringen würde.

Was Zarqa betraf, so hatte ich zu dieser Zeit keine Ahnung, wie er in Arjalas Hände gefallen war, aber wenn sie ihn als einen Engel und Götterboten ausgab, mußte seine Ermordung sie um einen wertvollen Trumpf bringen und zugleich diskreditieren; ein im Tempelbezirk ermordeter Engel wäre ein so abscheuliches Sakrileg, daß Arjalas Ansehen schwer darunter leiden mußte.

Je länger ich über dieses Projekt Drei nachdachte, desto klarer wurde mir, daß es ausgezeichnet zu meinen eigenen Plänen paßte. Die Meuchelmörder würden mich in den Tempelbereich bringen und mir die Gelegenheit verschaffen, Niamh und meinen traurig blickenden Freund zu befreien. Der ganze Plan war so ideal für meine Zwecke, als ob ich ihn selbst ausgetüftelt hätte.

Daß mein häßlicher kleiner Lehrer und Freund Klygon mich auf dieser Mission begleiten würde, war das einzige Element in dem Plan, das mir Kopfzerbrechen bereitete. In den vergangenen Tagen und Wochen hatte ich den humorvollen, mir väterlich zugeneigten kleinen Mann aufrichtig liebgewonnen, und ich wollte ihn weder bei seinem Chef in Schwierigkeiten bringen noch ihn ermorden. Andererseits durften solche Gefühle nicht im Weg stehen, wenn es um die Rettung der Frau ging, die ich liebte. Nein, Klygon mußte irgendwie kaltgestellt werden.

Wir schliefen, standen auf, badeten, aßen ein wenig und bewaffneten uns mit den Dingen, die wir zur Ausführung des Plans brauchten. Zum ersten und – wie ich hoffte – letzten Mal legte ich die hautenge schwarze Kleidung der Meuchelmörder an, schlang Sarchimus' Kabelrolle um die Schulter und schnallte den schwarzen Ledergürtel mit dem vergifteten Stilett und dem schmalen, geraden Degen um, die beide in gleichfalls schwarzen Lederscheiden steckten. Als ich die schwarze Gesichtsmaske über den Kopf zog, versuchte ich mir den Ablauf der kommenden Ereignisse vorzustellen. Sicher war nur, daß es eine aufregende Nacht zu werden versprach.

Das Haus Gurjan Tors lag in einem schmutzigen und armseligen Stadtviertel, einer Gegend krummer Gassen, baufälliger Elendsquartiere, Bretterhütten und düsterer Kneipen.

Wir stiegen zum Dach des Gebäudes hinauf. Hier gab es überdachte Stallungen, in denen Reitlibellen festgemacht waren. Klygon hatte für unseren Zweck zwei besonders abgerichtete und vorbereitete Tiere ausgewählt. Wegen ihrer glitzernden, transparenten Flügel und buntschillernden Körper schienen mir diese Reitlibellen für eine nächtliche Mission von größter Heimlichkeit denkbar ungeeignet, denn jeder schimmernde Lichtreflex konnte wachsamen Beobachtern unsere Annäherung verraten. Aber wie sich zeigte, hatte der schlaue Klygon längst daran gedacht, und die zwei Reitlibellen, die er aus dem Stall holte, waren mit einer stumpfen, nichtreflektierenden, teerähnlichen Farbe angestrichen. Ihre glasigen langen Flügel hatte man sorgfältig mit Ruß bestrichen und bestäubt.

Wir stiegen in die Sättel, die auf den Brustteil der geflügelten Reittiere geschnallt waren, so daß wir unmittelbar hinter den riesigen Facettenaugen saßen, legten die Sicherheitsgurte an, nahmen die Zügel auf, und Klygon gab das Zeichen zum Start. Mit dumpfem Schwirren hoben die Rieseninsekten vom Dach ab, kreisten einmal über dem Haus Gurjan Tors und schossen durch die Nacht davon.

Minuten später lenkten wir unsere Reittiere auf das Dach des Gebäudes, worin Zarqa und Niamh gefangengehalten wurden. Wir schnallten uns los, saßen ab und bewegten uns lautlos über die geneigten Schieferplatten zur Dachkante. Da sie keine überstehende Traufe hatte, war es relativ einfach, sie zu überklettern, und auch der Abstieg an der Fassade bot keine besonderen Schwierigkeiten. Die Vorliebe der Laonesen für Fassadenschmuck und ornamentale Plastiken verschaffte uns eine reiche Auswahl an Handgriffen und Halt für die Zehenspitzen, und schon nach wenigen Minuten erreichten wir den breiten Fenstersims im obersten Stockwerk, wo wir aufrecht stehen und ausruhen konnten. Ich wickelte Sarchimus Kabel von der Schulter, und Klygon knotete es mit einem Ende um die massige Skulptur eines steinernen Karyatiden. Nachdem er das andere Ende mit einem dicken Standknoten versehen hatte, ließ er das Kabel zum Fenster von Niamhs Zimmer hinab.

Im gleichen Augenblick hörten wir ein dumpfes Bersten und Klirren, gefolgt von einem schrillen Angstschrei.

Klygon nickte mir zu, und ich ließ mich über den Fenstersims hinab, beide Hände am Seil. Ich dachte nicht weiter über die Geräusche nach, die ich gehört hatte; meine Gedanken beschäftigten sich mit dem Problem Klygon und wie ich mich seiner entledigen könnte, ohne ihn töten zu müssen. Auch mußte ich mich auf das Klettern konzentrieren, denn meine Hände waren feucht von Schweiß, und das Kabel aus Sarchimus' Turm war glatt wie eine Plastikfolie und nicht leicht im Griff zu halten.

Dann drang rötlich flackernder Lichtschein aus dem Fenster unter mir, und ich hörte das Knistern und Prasseln von Flammen. Beißender Rauch begann aus der Öffnung zu quellen.

Ich hatte nicht die leiseste Ahnung, was in Niamhs Zimmer vorging, aber es war offensichtlich, daß irgendein Unfall passiert war. Die Möglichkeit, daß die Königin meines Herzens in Gefahr schwebte, spornte mich an, und ich kletterte weiter hinunter auf ihr Fenster zu, aus dem heller Feuerschein in die Nacht hinausdrang.

Ich fragte mich, wie ich durch den Qualm und die an der Fensteroberkante herausschlagenden Flammen klettern sollte. Außerdem mußte der Brand die Wächter und andere Bewohner des Hauses anlocken. Ich blickte fragend zu Klygon auf, um zu sehen, ob er angesichts der unvorhergesehenen Entwicklung seinen Plan aufgegeben habe, aber er kniete oben auf dem Sims, hielt mit einer Hand das Kabel ruhig und bedeutete mir mit der anderen, daß ich weiterklettern solle.

Und dann geschah das Unglaubliche und Unerwartete. Es ging so schnell, daß es in wenigen Sekunden vorüber war, und es hatte für mich etwas traumhaft Unwirkliches an sich.

Als ich im Rauch einige Meter über Niamhs Fenster hing, unsichtbar in meiner schwarzen Kleidung, kam etwas durch die Nacht herangeglitten und schwebte an das Fenster, das mein Ziel war.

Es war der Luftschlitten, gesteuert von Zarqa!

Er ging mit seinem Schlitten längsseits und beugte sich zum Fenster hinein, und ich hörte eine Frau schreien. Einen Moment später zog Zarqa ein schmächtiges junges Mädchen heraus und legte es in seinen Schlitten.

Das Mädchen war Niamh!

Gleich darauf erschien Janchans Oberkörper in der Fensteröffnung. Unterstützt von Zarqa, hob er eine ohnmächtige Frau von bemerkenswerter Schönheit hinaus. Ich war sicher, daß sie niemand anderes als Arjala selbst sein konnte.

Zarqa legte sie neben Niamh in den Schlitten, während Janchan nachkletterte und selbst in den Schlitten sprang.

All das geschah so schnell, daß ich vor lauter Überraschung weder zu einer Bewegung fähig war, noch einen Schrei ausstoßen konnte, als der Schlitten sich auch schon wieder von der Hauswand löste, herumschwang, davonschoß und in der Nacht verschwunden war.

Ich hing hilflos an meinem Seil, mit zitternden Knien, die Füße gegen die Wand gestemmt, als Zarqa der Kaludh und Janchan davonflogen und Niamh die Liebliche in Sicherheit brachten – während ich zurückbleiben mußte, den Meuchelmördern auf Gnade und Ungnade ausgeliefert, allein in der Stadt meiner Feinde, in der ich nun nicht einmal mehr einen Freund hatte!

Nachwort des Herausgebers

Im Tresor der First National Bank von Harritton, Connecticut, liegt eine Kassette, die unter dem Namen einer der ältesten und vornehmsten Familien des Staates registriert ist. Nach dem Tod des letzten überlebenden Angehörigen dieser Familie wurde diese Kassette gemäß den Bestimmungen seines Testaments von drei leitenden Herren der angesehenen Anwaltsfirma Brinton, Brinton & Carruthers geöffnet. Sie enthielt ein Bündel engbeschriebener Manuskriptblätter.

Die Manuskripte enthielten eine Erzählung von seltsamen Abenteuern auf einer fernen Welt. Obschon in der ersten Person erzählt, waren diese Geschichten so phantastisch, daß die Anwälte zögerten, sie zur Veröffentlichung freizugeben, wie es im Testament gefordert war. Der Grund dieser zögernden Haltung war vermutlich die Befürchtung der Anwälte, daß die absurden und phantastischen Schilderungen die Frage nach der geistigen Gesundheit ihres Autors aufwerfen würden, was wiederum Streitigkeiten über die in seinem Testament niedergelegten Vorschriften zur Erbteilung nach sich ziehen könnte.

Es war der jüngere Sohn eines Gesellschafters der Anwaltsfirma, der mich ins Bild setzte. Ich war dem jungen Mann bei verschiedenen Sience-Fiction-Kongressen in Baltimore, Philadelphia und New York begegnet und kenne ihn als einen Enthusiasten für Fantasy-Romane im allgemeinen und für meine eigenen Erzählungen im besonderen. Er überredete seinen Vater, sich mit mir in meinem Haus auf Long Island zu treffen, wo die Einzelheiten eines Herausgebervertrags besprochen und mir die Manuskripte übergeben wurden. Meine Verbindung mit diesen Büchern ist also einfach die eines Herausgebers gewesen. Mein Verleger, Mr. Donald A. Wollheim, nimmt natürlich an, ich hätte sie selbst verfaßt, und läßt sich auch durch meinen Widerspruch nicht davon abbringen. Aber da ich mich vertraglich verpflichten mußte, den Namen des wirklichen Autors dieser Bücher nicht zu nennen, blieb mir nichts anderes übrig, als meinen eigenen an seine Stelle zu setzen. Dieses Nachwort hat daher den Zweck, demjenigen die Ehre zu geben, dem Ehre gebührt.

Bei den Vorbereitungen für die Veröffentlichung der Manuskripte erwies sich die Länge der Niederschrift als die größte Schwierigkeit. Die Manuskripte bestehen nämlich nicht aus in sich abgeschlossenen Teilen, sondern bilden ein zusammenhängendes Ganzes. Diese fortlaufende Struktur der Erzählung bringt dem unglücklichen Leser natürlich Nachteile. Im vorliegenden Band enthält die Erzählung in einem Augenblick spannender Ungewißheit und läßt die zentralen Probleme der Handlung völlig ungelöst.

Aber ich sah keine andere Möglichkeit, als die Erzählung an diesem Punkt zu unterbrechen, denn der Verleger bestand darauf, daß ein gewisser Umfang pro Band wegen der hohen Kosten für Papier und Druck nicht überschritten werden dürfe.

Immerhin kann ich dem solchermaßen um sein beruhigendes Finale gebrachten Leser eine kleine Verbesserung seiner unbehaglichen Position bieten. Obwohl auch ich mich noch in die unveröffentlichten Teile der Erzählung vertiefen muß – die übrigens mit der Hand geschrieben ist und mühselig entziffert und in ein Schreibmaschinenmanuskript übertragen werden muß –, und obwohl ich selbst noch nicht weiß, wie die Geschichte endet kann ich versichern, daß Karn aus der mißlichen Lage entkommt, in der wir ihn vor ein paar Seiten verließen, denn sonst hätte er uns seine Geschichte wohl kaum überliefern können.

Aber ich glaube, das ist alles, was ich über den Fortgang der Erzählung verraten sollte. Es gibt derzeit einige schriftstellerische und herausgeberische Projekte, denen ich meine Aufmerksamkeit widmen muß, und so wird es einige Zeit dauern, bis ich wieder genug Muße haben werde, die Erforschung der unveröffentlichten Manuskriptteile fortzusetzen.

Wir werden leider abwarten und sehen müssen, wie die Geschichte endet, Sie und ich.

Lin Carter

Hollis, Long Island, New York.